朱元育 授　潘靜觀 述　蒲團子 校辑

參悟闡幽

心一堂

書名：**參悟闡幽**
作者：朱元育　潘靜觀
校輯：蒲團子
責任編輯：陳劍聰

出版：**心一堂有限公司**
地址(門市)：香港九龍旺角西洋菜街南街5號 好望角大廈1003室
電話號碼：(852)67150840
網址：http://www.sunyata.cc
http://publish.sunyata.cc
電郵：sunyatabook@gmail.com
存真書齋仙道經典文庫網上論壇：http://bbs.sunyata.cc/

版次：二〇一七年六月初版
平裝

定價：港　幣　一百六十八元正
人民幣　一　百五　十元正
新臺幣　六百八十元正

國際書號：ISBN 978-988-8317-58-5

香港及海外發行：**香港聯合書刊物流有限公司**
地址：香港新界大埔汀麗路三十六號中華商務印刷大廈三樓
電話號碼：+852-2150-2100
傳真號碼：+852-2407-3062
電子信箱：info@suplogistics.com.hk

臺灣發行：**秀威資訊科技股份有限公司**
地址：臺灣臺北市內湖區瑞光路七十六巷六十五號一樓
電話號碼：+886-2-2796-3638
傳真號碼：+886-2-2796-1377
網絡書店：www.bodbooks.com.tw

心一堂臺灣國家書店讀者服務中心
地址：臺灣臺北市中山區二〇九號一樓
電話號碼：+886-2-2518-0207
傳真號碼：+886-2-2518-0778
網絡書店：www.govbooks.com.tw

中國大陸發行 零售：**心一堂書店**
深圳地址：中國深圳羅湖區立新路六號東門博雅負一層零零八號
電話號碼：+86-755-8222-4934
北京地址：中國北京東城區雍和宮大街四十號
心一堂店淘寶網：http://sunyatacc.taobao.com

善的十條真義

學理重研究不重崇拜
功夫尚實踐不尚空談
思想要積極不要消極
精神圖自立不圖依賴
能力宜團結不宜分散
事業貴創造不貴模仿
幸福講生前不講死後
信仰憑實驗不憑經典
住世是長存不是速朽
出世在超脫不在皈依

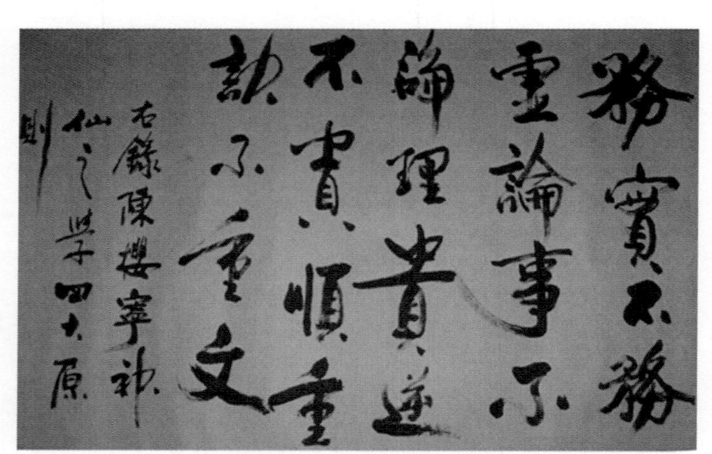

神仙學術四大原則

務實不務虛

論事不論理

貴逆不貴順

重訣不重文

慮俗屏石漱流枕
天性養水漁山樵
書華萬林　擬子團蒲

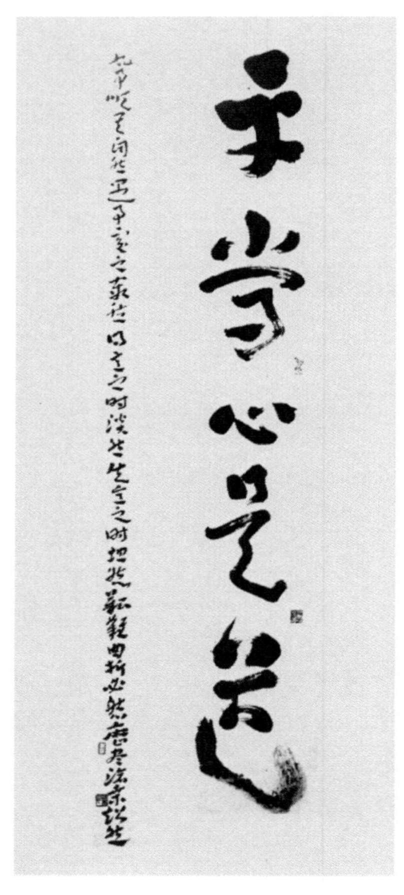

道是心常平

(書華萬林)

存真書齋仙道經典文庫緣起

仙道學術，淵遠流長，自軒皇崆峒問道，至今已歷數千年。然歷代仙道大家之經典著述，由於時代之變遷，或埋於館藏，或收於藏海，或佚於民間，或存於方家，若欲覓之，誠爲不易。故對一些孤本要典進行重新編校整理，以免其失落，實屬必要。存真書齋仙道經典文庫之編輯，即由此而起。

存真書齋仙道經典文庫之整理計劃始於二零零四年，雖已歷五年，然由於諸多原因，公開出版頗費周折，文庫之第一種道言五種僅以自印本保存，流通之願難以得償。香港心一堂出版社社長陳劍聰先生，雅好道學，嘗以傳播中華固有之傳統文化爲己任。在得知存真書齋仙道經典文庫出版之困難後，遂致電於愚，願將文庫公開出版，以廣流通。善莫大焉。

存真書齋仙道經典文庫之整理出版，意在保留仙道文化之優秀資料，故而其所入选者，以歷代具有代表性的仙道典籍或瀕於失傳之佳作为主，内容皆須合乎正統仙道之原則，不涉邪僞。凡不合乎於此者，縱爲珍本，亦不在整理之列。

本文庫之整理出版，得到了胡海牙老師的大力支持，及存真書齋諸同仁的通力協助，在此謹致以衷心的謝意。另外，還要特別感謝心一堂出版社陳劍聰先生對文庫出版所提供的方便，及張莉瓊女士、王磊龍靈老弟、劉坤明先生爲文庫的整理、出版所付出的努力與關心。

願文庫之出版，能爲仙道文化資料之保存小有裨益，則愚等之願遂矣。

己丑夏日蒲團子於存真書齋

編輯大意

一　參悟闡幽係存真書齋仙道經典文庫第十五種，收錄朱元育口授、潘靜觀述參同契闡幽、悟真篇闡幽兩種。

二　朱元育，明末清初人，生平不詳，號雲陽道人，自謂初師從北宗張碧虛，得其指示玄關，入丹道之門，故其署名題「北宗後學」「龍門派下弟子」。又因未窺堂奧，遂徧游五嶽，博訪廣參，最後在終南深處遇靈寶老人「點開心易」，遂洞曉仙家之真諦。後與其弟子潘靜觀相互參究，成就參同契闡幽、悟真篇闡幽二書。復由其弟子衆刊行。

三　參同契闡幽以道藏輯要本、汪東亭道統大成本與北京師範大學出版社影印參同契闡幽批註手鈔本相互參校，圈點採用道統大成本。

四　悟真篇闡幽以乾隆七年重刊本爲底本，原擬以道藏輯要本為校本，然兩種版本文字差很大，作者又明確指出，其所用悟真篇版本文字與他本不同。道藏輯要本應潤飾過，文字要比乾隆七年刊本更爲完善，然有修飾精妙者，亦有不合理者，故除幾處文字較多之差異特别標明外，其他均按乾隆七年本，以保持乾隆七年本之原貌。兩書凡無關主旨者，均不做校記。

五　參同契闡幽，手鈔本署「北宗後學雲陽道人朱元育口授，弟子許靜篤校、潘靜觀述、談靜貫閱」，道藏輯要本題署「魏伯陽真人著，雲陽道人朱元育闡幽」，道統大成本題署「東漢魏伯陽真人著，雲陽道人朱元育闡幽，新安汪啟濩東亭輯，京江韓景垚仲萬評點，許啟邦校刊」。

六　悟真篇闡幽，乾隆七年重刊本題署「北宗雲陽道人朱元育授；弟子潘靜觀述，許靜篤、卜靜淵校，劉靜源、莊騫校」，道藏輯要本題署「紫陽真人張伯端著，雲陽道人朱元育闡幽」。

七　本書原刊本「於」「于」混用，今統作「于」；「个」「個」混用，今統作「个」；「藏」

「藏」混用，今統作「藏」。諸如此類，均不作校記。

八　本書之整理，龍靈老弟、張莉瓊女士均做了大量的工作，在此致以謝意，並感謝心一堂出版社及陳劍聰先生對此書出版提供的方便與幫助。特別感謝率真書齋于道兄、姚道兄提供的自印本道統大成一書。

二〇一七年一月五日農曆丙申年臘月八日蒲團子記於玄玄居

目錄

參同契闡幽

朱元育　授　潘靜觀　述

參同契闡幽序

大道〇本無言說，本無名相，混混沌沌，莫知其端，然非假言說名相以表之，則道終不顯。昔者，羲皇作易，直指乾坤； 老子著經，全提道德。 賴此兩聖，鑿破混沌面目，人人分上底性命根源，纔知着落處，大道從此開明矣。 二書同出一源，其後不幸而分爲儒玄兩家。宗易者流，爲象數之小儒； 宗玄者流，爲延年之方士。 而歸根復命之學，或幾乎息矣。孰能會而通之，其惟參同契乎？ 此書出自漢代，伯陽魏祖假卦爻法象，以顯性命根源。性乃萬劫不壞之元神，命則虛無祖炁、元始至精也。 拈一即兩，舉兩即三，會三即一。

⊙故言神而精氣在，精氣非麄； 言精氣而神在，神非精也。 言性而命存，命非滯于有；言命而性存，性非淪于無也。 只此兩字真詮，可分可合，可放可收。 在羲易，則以乾坤爲衆卦之父母； 在老子，則以道德爲萬象之總持。 後來諸子百家，横說豎說，總不出這兩字範圍。 順而達之，則曰「天命之謂性」； 逆而還之，則曰「窮理盡性以至于命」。 堂堂大道，三教合轍，千聖同歸，外此，悉屬旁蹊曲徑矣。 夫此逆還之法，本自無多，作者慈悲，豈不欲當頭直指？ 但恐知音者希，未堪明破，不得不從無言說中，强生言說，從無名相中，强立名相，慘淡經營，秘母言子，遂以兩字真詮，疊成七卷。于是，分御政、養性、伏食爲三門，又分藥物、鑪鼎、火候爲三家，一門中各具三門，一家中各具三家，三而參之，九轉之功于是乎畢。此其所以爲參同契也。惟參也，乃見性命之各正；惟同也，乃見性命之不二；惟契也，乃見窮理盡性至命之要歸。七卷中，倏分倏合，倏放倏收，大約前主分，後主合，前主放，後主收，錯綜變化，自然成文。此參同契之所以未易知、未易言也。

元育髫年慕道，最初拜北宗張碧虛師指示玄關，便于此書，得个入門，而尚未窺其堂奧。從此足窮五嶽，徧參諸方，鮮有豁我積疑者。最後入終南深處，幸遇靈寶老人點開心易，表裏洞然，方知一粟可藏世界，微塵堪轉法輪，是真實語。然此向上機關，詎堪饒舌。猶憶告别老人時，臨歧丁寧，囑以廣度後人，無令斷絶，且機緣多在大江以南。既而束裝南旋，入圜辦道，賴毘陵諸法侶竭力護持，麄了一大事。

丁酉歲，挈門下潘子静觀習静華陽，兼覽道藏，信手抽出參同契一函，快讀數過，如貧子得寶藏，不勝慶快平生。竊念此書源流最遠，實爲丹經鼻祖，諸真命脈。魏祖曾將此書親授青州從事徐公，徐遂隱名註之，今已失傳。後來註者紛紛，錯會不少，甚至流入彼家、鑪火諸旁門，而祖意益晦塞矣。育甚憫之，思發其覆，遂禁足結冬，日誦正文一兩章，與潘子究其大義，令筆錄焉。深山静夜，秉燭圍鑪，兩人細談。堂奥中事，思之不得，鬼神來告，久而豁然貫徹矣。更八十晨昏，草本乃就。題曰「闡幽」，謂此書向來埋藏九地，而今始升九天之上也；　此書向來沉淪幽谷，而今始浴咸池之光也。既脱稿，復與潘子改正數番，剝盡皮膚，獨留真實，私作枕中鴻寶。歲在丁未，許子靜篤啟請流通，公諸同志。張子靜鑑實佐焉。于是鳩工募刻，同志翕然響應，而七卷次第告成。請余作序，因畧述其所得于師者，以就正有道焉。并願讀是書者，勿滯言説，勿膠名相，只從此中〇討消息。始而範圍造化，既而粉碎虛空，有何御政、養性、伏食之可析？有何藥物、鑪鼎、火候之可分？并「性」「命」兩字，亦可不必建立矣。如是會去，差足報魏祖、徐祖及從上諸祖之恩，差足報羲皇、老子及從上諸聖之恩，而出世、世間，情與無情，一切山河大地，蠢動含靈之恩，亦無不報矣。一道平等，頭頭各現，將見情與無情，悉發大光明藏，破暗燭幽，余亦從此兀然忘言矣。

康熙己酉仲春朔旦北宗龍門派下弟子朱元育稽首敬撰

周易參同契

東漢魏伯陽真人　著　雲陽道人朱元育　闡幽

參同契者，東漢魏真人伯陽所作，蓋以易道明丹道也。易道之要，不外一陰一陽，丹道之用，亦不外一陰一陽。一陰一陽，合而成易，大道在其中矣。參者，參伍之參；同者，合同之同；契者，相契之契。書中分上、中、下三篇，篇中分御政、養性、伏食三家，必參互三家，使大易性情、黃老養性、鑪火之事，合同爲一，方與盡性至命之大道相契。舉一端則三者全具，其中以末卷三相類宗旨校勘，即了然矣。

蒲團子按：標題「周易參同契」諸字，道統大成本作「周易參同契」，道藏輯要本作「參同契」，鈔本無此標題。

上篇上卷

言御政，共計五章，乃上篇之上也。

此卷專言御政，而養性、伏食已寓其中。蓋所謂御政者，陳乾坤坎離之法象，隱然具君臣上下之規模。君主無爲，臣主有爲，即養性、伏食兩道之所取則也，故末篇又稱大易情性。

乾坤門户章第一

乾坤者，易之門户，眾卦之父母。坎離匡廓，運轂正軸。牝牡四卦，以爲橐籥，覆冒陰陽之道。猶工御者，準繩墨，執銜轡，正規矩，隨軌轍。處中以制外，數在律歷紀。月節有五六，經緯奉日使。兼并爲六十，剛柔有表裏。朔旦屯直事，至暮蒙當受。晝夜各一卦，用之依次序。既未至晦爽，終則復更始。日月爲期度，動靜有早晚。春夏據内體，從子到辰巳。秋冬當外用，自午訖戌亥。賞罰應春秋，昏明順寒暑。爻辭有仁義，隨時發喜怒。如是應四時，五行得其理。

此章首揭乾坤門户，包括萬化，乃全書之綱領也。

乾坤者，易之門户，衆卦之父母。坎離匡廓，運轂正軸。

此節言一陰一陽之道，不出乾坤範圍也。

蓋天地間只此一陰一陽，其本體則謂之道，其化機則謂之易，其神用則謂之丹。易道之陰陽，不外乾坤；丹道之陰陽，不出性命。乾坤即性命也，然必窮取未生以前消息，方知天地于此造端，人身于此託始，丹道即于此立基。原夫鴻濛之先，一炁未兆，不可道亦不可名，廓然太虛。無方無體，是謂真空；空中不空，是謂妙有。惟即有而空，故無始之始，强名曰「天地之始」；惟即空而有，故有始之始，强名曰「萬物之母」。即有而空，便是太極本無極；即空而有，便是無極而太極。太極之體，本來無動無靜。動而無動，乾之所以爲天也，而輕清者有其根矣；靜而無靜，坤之所以爲地也，而堅凝者有其基矣。一動一靜之間，人之所以爲天地心也，而易之生生不息者在其中矣。胚胎雖具，混沌未分，故曰太極函三。迨其靜極而動，乾之一陽，直徹于九地之下，而坤承之，陰中包陽，實而成坎，是謂天一生水，在地中爲水，在天上爲月；及其動極復靜，坤之一陰直達于九天之上，而乾統之，陽中含陰，破而成離，是爲地二生火，在世間爲火，在天上爲日。此由太極而生兩儀，由兩儀而生四象也。天地非日月不顯，乾坤非坎離不運，故在易道，必以乾坤爲體，坎離爲用。何以言之？乾之爲物，靜專而動直，六十四卦之陽，皆出入于乾户，究竟，只是最初一陽；坤之爲物，靜翕而動闢，六十四卦之陰，皆闔闢于坤門，究竟，只是最初一陰。一陰一陽，是謂真易。乾知大始，實爲衆陽之父，故乾道成男，曰震，曰坎，曰艮；坤作成物，實爲衆陰之母，故坤道成女，曰巽，曰離，曰兑。從此交易、變易，生生不窮，重之爲六十四卦，衍之爲四千九十六卦，豈非「乾坤者，易之門户，衆卦之父母」乎？

六子皆出于乾坤，而獨用坎離者，何也？蓋震巽艮兑各得乾坤之偏體，坎離獨得乾坤之正體。先天定位，本乾南坤北，惟以中爻相易，而成坎離，後天翻卦，遂轉作離南坎北。其實乾坤包羅在外，天地之匡廓，依然不動，而坎離之一日一月，自然運旋其中。小之爲晝夜晦朔，大之爲春秋寒暑，又大之爲元會運世。譬若御車然，中心虛者爲轂，兩頭轉動者爲軸。車本不能自運，惟賴兩頭之軸，兩頭之軸又賴中心之轂以運之。車待軸而轉動，軸又待轂而運旋，其用方全。坎離之于乾坤亦然。豈非「坎離匡廓，運轂正軸」乎？老子云「三十幅共一轂，當其無有車之用」，此之謂也。

此章爲全書綱領，此節又是通章綱領。乾坤門户，在丹道爲鑪鼎；坎離匡廓，在丹道爲藥物；火候出其中矣。

牝牡四卦，以爲槖籥，覆冒陰陽之道。猶工御者，準繩墨，執銜轡，正規矩，隨軌轍。處中以制外，數在律歷紀。

此節言乾坤化出坎離，能覆冒陰陽之道也。

乾本老陽，牡也，迨中爻變出離之少陰，則牡轉爲牝矣；坤本老陰，牝也，迨中爻變出坎之少陽，則牝轉爲牡矣。坤轉爲坎，九地之下，淵乎莫測，氣機動而愈出，是爲無底之槖；乾轉爲離，九天之上，一線潛通，本體虛而不屈，是爲有孔之籥。老子云「天地之間，其猶槖籥乎」，指此而言。故曰：「牝牡四卦，以爲槖籥。」

坎離二氣，一往一來，出入于天地之間，而晝夜晦朔、春秋寒暑，纖毫不爽。名曰四卦，其實只是一坎一離；名曰兩卦，其實只是坎離中間一陰一陽。乃六十卦之全體，三百六十爻之全用，無不覆冒其中，豈不猶善御者之準繩墨以執銜轡、正規矩以隨軌轍乎？

夫馬之有銜轡，車之有軌轍，法則現前，一一可以遵守，外也，準而執之，正而隨之，其間必有御車之人，處中以制之，即上文所謂運轂而正軸者也。制之之法，不疾不徐，隨方合節，有數存乎其間，即下文火候之節度也。律有十二管，歷有十二辰，無非六陰六陽，循環運轉，一刻不差，而火候之調御，得其準矣。此便是周天之綱紀。故曰：「處中以制外，數在律歷紀。」

月節有五六，經緯奉日使。兼并爲六十，剛柔有表裏。朔旦屯直事，至暮蒙當受。晝夜各一卦，用之依次序。既未至晦爽，終則復更始。

此節言弦望晦朔，數準一月，小周天之火候也。

易有六十四卦，除却乾坤坎離四卦應鑪鼎藥物，餘六十卦三百六十爻正應周天度數。坎離中爻，一日一月，把握乾坤，出入于三百六十五度四分度之一之中，周天綱紀，總不出其範圍。日爲太陽，月爲太陰，陽數以五爲中，陰數以六爲中。兩其六爲十二，律歷之所取則也；以五乘六，共得三十，是爲一月之數。日月自相經緯，遂成弦望晦朔。月之消息盈虛，每隨日轉，有稟命于日之象。故曰：「月節有五六，經緯奉日使。」

日月經緯，而分晝夜。即此三十日中，兼并爲六十卦，自屯、蒙，訖既濟、未濟，卦象全具其中。卦之内外兩體，無不反對。反體，如屯蒙䷂需訟䷄之類； 對體，如中孚䷼小過䷽之類。或表剛而裏柔，或表柔而裏剛。即屯蒙二卦，可以例舉。如屯之一陽動于下，有朔之象； 蒙之一陽止于上，有暮之象。晝夜反覆，兩卦只是一卦。朔旦從屯、蒙起，直至晦日，恰好輪到既濟、未濟，六十卦周，而一月之候始完。完則終而復始，循環無端矣。

日月爲期度，動靜有早晚。春夏據内體，從子到辰巳。秋冬當外用，自午訖戌亥。賞罰應春秋，昏明順寒暑。爻辭有仁義，隨時發喜怒。如是應四時，五行得其理。

此節言二至二分，數準一年，大周天之火候也。

日月爲期度者，日主乎晝，位當正午，自一陽動處，以至六陽，即屬日之氣候； 月主乎夜，位當正子，自一陰靜處（蒲團子按：「陰」，道統大成本、鈔本均作「陽」，道藏輯要本作「陰」），以至六陰，即屬月之氣候。動靜有早晚者，一陽動而進火，應屯卦而爲早； 一陰靜而退火，應蒙卦而爲晚。要知，一日之期度，即一月之期度； 一月之期度，即一年之期度。又要知，一年之動靜，不出一月之動靜； 一月之動靜，不出一日之動靜。此兩句承上起下，爲通節綱領。下文遂推詳一年之候。

卦之內外二體，包舉四時。假如屯卦自初爻進火，爲子時一陽初動，直到上爻，便是純陽之巳，從內體達外用，故應乎春夏；蒙卦自上爻退火，爲午時一陰初靜，直到初爻，便是純陰之亥，從外用返內體，故應乎秋冬。此言冬夏二至交媾之候也。

太陽在卯，應在春分，德中有刑，罰之象也；太陰在酉，應在秋分，刑中有德，賞之象也。故曰：「賞罰應春秋。」日出乎寅沒乎申，火生在寅，暑之象也；月出乎申沒乎寅，水生在申，寒之象也。故曰：「昏明順寒暑。」仁主發，義主收，爻辭所陳，各有所主，仍是順寒暑之象；喜近賞，怒近罰，隨時而發，不過其節，仍是應春秋之象。此言春秋二分，沐浴之候也。

如是而水火木金，各秉一時氣候。其中有真土調燮，全備造化，沖和之氣，結而成丹。故曰：「如是應四時，五行得其理。」

上節言小周天火候，應乎一月；此節言大周天火候，應乎一年。須知此中作用，俱是攢簇之法。簇年歸月，簇月歸日，簇日歸時，止在一刻中分動靜。其中消息，全賴坎離橐籥，所謂「覆冒陰陽之道」者也。

此章皆以造化法象，明乾坤坎離之功用。人身具一小天地，其法象亦然。乾爲首，父天之象也；坤爲腹，母地之象也。震爲足，巽爲股，近乎地，分長男、長女之象也；艮爲手，兑爲口，近乎天，分少男、少女之象也。坎爲耳，離爲目，運乎天地之中，獨當人位，中男、中女之象也。其餘四肢百骸，三百六十骨節，八萬四千毛孔，即衆卦衆爻之散布也。然此有形有名者，人皆知之，孰知其無形無名者乎？

父母未生以前，圓成周徧，廓徹靈通，本無污染，不假修證，空中不空，爲虛空之真宰，所謂「統體一太極」也。既而一點靈光，從太虛中來，倏然感附，直入中宮神室，作一身主人，所謂「各具一太極」也。主人既居神室，上通天谷，下通炁海。性命未分，尚是囫囫圇圇本來面目。迨中宮消息罯萌，攝召太虛之氣從兩孔而入，直貫天谷，而下達于氣海，乾下交坤，坤中一爻，遂實而成坎，是爲命蒂。坤既成坎，其中一陰即隨天氣而上達于天谷，坤上交乾，乾中一爻，遂破而成離，是爲性根。于是「囫」地一聲，臍蒂剪斷，而性命遂分上下兩弦矣。呂祖所云「窮取生身受氣初，莫怪天機都泄盡」者，此也。從此後天用事，有門有户，不出乾坤橐籥，運用全在坎離。坎沉炁海，元精深藏太淵九地之下，莫測其底，橐之用也；離升天谷，靈光洞徹太虛九天之上，直貫其巔，籥之用也。

出日入月，呼吸往來，正當天地八萬四千里之中。一闔一闢而分晝夜，一消一息而定晦朔，一慘一舒而別寒暑，一喜一怒而應春秋，四時五行，無不畢具，而造化在吾一身矣。故學道之士，苟能啟吾之門户，而乾坤鑪鼎可得而識矣；能運吾之轂軸，而坎離藥物可得而採矣；能鼓吾之橐籥，而六十卦之陽火陰符可得而行持矣。所謂順之生人者逆之則成丹也。

陳希夷曰：「日爲天炁，自西而下，以交于地；月爲地炁，自東而上，以交于天：男女媾精之象也。天地不能寒暑也，以日月遠近而爲寒暑；天地不能四時也，以日月南北而爲四時；天地不能晝夜也，以日月出沒而爲晝夜；天地不能晦朔也，以日月交會而爲晦朔。陰陽雖妙，不外乎日月；造化雖大，不外乎坎離。故衆卦之變雖不齊，而不出乎坎離之中爻，猶車之三十輻而共一轂者也。」

坎離二用章第二

天地設位，而易行乎其中矣。天地者，乾坤之象。設位者，列陰陽配合之位。易謂坎離。坎離者，乾坤二用。二用無爻位，周流行六虛。往來既不定，上下亦無常。幽潛淪匿，變化于中。包囊萬物，爲道紀綱。以無制有，器用者空。故推消息，坎離沒亡。言不苟造，論不虛生。引驗見效，校度神明。推類結字，原理爲徵。坎戊月精，離己日光。日月爲易，剛柔相當。土王四季，羅絡始終。青赤黑白，各居一方。皆秉中宮，戊己之功。

此章揭言坎離二用不出一中，了首章「運轂正軸」之旨也。

天地設位，而易行乎其中矣。天地者，乾坤之象。設位者，列陰陽配合之位。易謂坎離。坎離者，乾坤二用。二用無爻位，周流行六虛。往來既不定，上下亦無常。幽潛淪匿，變化于中。包囊萬物，爲道紀綱。

此節言坎離妙用，即在乾坤定位之中也。

在易爲乾坤，其法象爲天地；在易爲坎離，其法象爲日月：此後天有形有名之乾坤坎離也。未有天地日月以前，渾然只一太虛。此太虛中，本無一物，圓明廓徹，是爲先天之乾。即此太虛中，有物渾成，絪緼徧滿，是爲先天之坤。虛中生炁，爲至陽之炁。至陽中間，藏肅肅之至陰。此從坤而上升者也。無中含有，是爲乾中之離。炁中凝精，爲至陰之精。至陰中間，藏赫赫之至陽。此從乾而下降者也。有中含無，是爲坤中之坎。一升一降，樞機全在中間。樞機一動，天地即分。天地既分，其位乃定，自然天位乎上，地位乎下，日出乎東，月生乎西。所以伏羲先天圓圖，乾卦居南，坤卦居北，天上地下，包羅萬象，天地定位也；離卦居東，坎卦居西，日月相對，橫貫天地之中，水火不相射也。然必天地之體立，而後日月之用行。故繫辭傳曰：「天地設位，而易行乎其中矣。」此直指之辭也。魏公恐世人不知何者爲天地、何者爲易，特下註脚，謂天地非外象之天地，乃是一乾一坤神室自然之象，即上章所謂「門户」也； 設位，非有形之位，乃是一陰一陽自然配合之位，即上章所謂「匡廓」也； 易非卦爻之易，乃是一坎一離真息往來自然運行之易，即上章所謂「橐籥」也。天地之造化，非即吾身之造化乎？

何謂「坎離者，乾坤二用」？ 乾本老陽，中變少陰，離中一陰，實坤元真精，故離自東轉南，先天乾位翻爲後天之離。 轉一成九，以首作尾，故爻辭有「無首」之象。乾之用九，即用離也。 坤本老陰，中變少陽，坎中一陽，實乾元祖炁，故坎自西轉北，先天坤位翻爲後天之坎。 轉六成一，即終爲始，故爻辭有「永貞」之吉。 坤之用六，即用坎也。 此日月互藏，所以爲易宗祖，而真水真火，交相爲用之妙也。

一日一月，終古出没于太虚，上下四旁，無所不運，猶之一卦六爻，各有定位。 而坎離二用，周流六位，無所不在，其用神矣。 故曰：「二用無爻位，周流行六虚。」

日往則月來，月往則日來，往來豈有定乎？ 離爲天中之陰，恒欲親下，故日自東徂西，而下交乎地； 坎爲地中之陽，恒欲親上，故月自西徂東，而上交乎天： 上下豈有常乎？

離中有真水，重陽爲之包羅，水藏火中，内暗外明，有幽潛之象； 坎中有真火，重陰爲之囊括，火藏水中，內朗外暗，有淪匿之象。水火互藏，千變萬化，只在中間一點空洞處，有變化于中之象。從此提挈天地，把握乾坤，大道不出其範圍。故曰：「包囊萬物，爲道紀綱。」

以上俱發明坎離二用，正見「易行乎其中」之意。

以無制有，器用者空。故推消息，坎離没亡。

此節專言坎離之妙用也。

坎離二用，本無爻位，周流六虛，無也。既而包囊萬物，爲道紀綱。可見無之足以制有矣。世間有形之器，體無不實。究竟實而有者，不能自用，惟賴虛而無者，有以制之，老子云「埏埴以爲器，當其無，有器之用」是也。坎離以無制有，其妙用全在中間空處。故曰：「以無制有，器用者空。」

從無入有，謂之息。息者，進火之候，坤三變而成乾也。從有入無，謂之消。消者，退符之候，乾三變而成坤也。自朔旦震卦用事之後，歷兑至乾，自月望巽卦用事之後，歷艮至坤，其間不見坎離爻位，是謂「坎離没亡」。非没亡也，行乎六虛之間，而周流不定耳。

言不苟造，論不虛生。引驗見效，校度神明。推類結字，原理爲徵。

知日月之爲易，即推類結字也。此校度神明之象，確有徵驗。可原理爲徵，而非苟造言論者矣。此節只是引起下文。

坎戊月精，離己日光。日月爲易，剛柔相當。土王四季，羅絡始終。青赤黑白，各居一方。皆稟中宮，戊己之功。

此節言二物配合不離中宮真土也。

坎爲月，中納戊土。戊土原從乾來，陽陷陰中，其精內藏，所謂「杳杳冥冥，其中有精」也。離爲日，中納己土。己土原從坤出，陰麗陽中，其光外用，所謂「恍恍惚惚，其中有物」也。日光月精，交會于黃道中間，合成先天太易，正以其中一戊一己，剛柔本來匹偶，足相當也。故曰：「日月爲易，剛柔相當。」

戊己二土，可分可合。以四時言之，木旺于春，中寄辰土；火旺于夏，中寄未土；金旺于秋，中寄戌土；水旺于冬，中寄丑土。木火金水，徹始徹終，無不包絡于中央真土。故曰：「土王四季，羅絡始終。」以四方言之，青龍秉木德居東，朱雀秉火德居南，白虎秉金精居西，元武秉水精居北。故曰：「青赤白黑，名居一方。」北一西四，合而成五，是爲戊土，杳冥之精，在其中矣；東三南二，合而成五，是爲己土，恍惚之物，在其中矣。賴此戊己真土，調和水火，融會金木，使五行四象俱攢簇于中黃，而大丹結矣。故曰：「皆秉中宮，戊己之功。」

夫日剛月柔，相當而爲太易，故稱「易爲坎離」，言豈苟造者乎？乃推類結字者也。五行四時，皆秉中宮之土，故稱「易行乎其中」，論豈虛生者乎？乃原理爲徵者也。此節總繳通章大意。

章首曰「易行乎其中」，既曰「變化于中」，正指中宮真土說。蓋坎離二物，不離真土，乃成三家。舉二物，則四象在其中；舉三家，則五行在其中，一切藥物、火候無不在其中矣。乾坤之大用，盡于坎離；坎離之妙用，歸于戊己。一部參同契，關鍵全在此處。

附錄

譚子曰：「摶空爲塊，見塊而不見空，土在天地開闢後也；粉塊爲空，見空而不見塊，土在天地混沌時也。神矣哉！」

日月含符章第三

「日含五行精」四句，世本誤入君臣御政章中，今校藏本正之。

易者，象也。懸象著明，莫大乎日月。日含五行精，月受六律紀。五六三十度，度竟復更始。窮神以知化，陽往則陰來。輻輳而輪轉，出入更卷舒。易有三百八十四爻。據爻摘符，符謂六十四卦。晦至朔旦，震來受符。當斯之際：天地媾其精，日月相撢持；雄陽播元施，雌陰化黃包；混沌相交接，權輿樹根基；經營養鄞鄂，凝神以成軀；衆夫蹈以出，蝡動莫不由。

此章特著日月之功用，究藥物之所從出也。

易者，象也。懸象著明，莫大乎日月。日含五行精，月受六律紀。五六三十度，度竟復更始。窮神以知化，陽往則陰來。輻輳而輪轉，出入更卷舒。

此節言日月之交會，其神化出乎自然也。

上章既明坎離二用，露出日光、月精兩物矣，尚未悉交會之理。魏公遂重舉易辭，以申明之。

蓋日月爲易，乃一部參同契關鍵所在。此易是太易之易，此象是無象之象，天下莫能見、莫能知者。欲知無象之易，只消近取諸身；欲知有象之易，必須仰觀俯察而得之。在天成象者，惟日月爲最著。故繫辭傳曰：「易者，象也。」又曰：「懸象著明，莫大乎日月。」

夫日月何以獨稱「大」也？日秉太陽火精，本體光明洞達，中間一點黑處，即是太陰真水，陽中藏陰，外白內黑，故取離象；月象太陰水精，本體純黑無光，中間一點白處，即是太陽真火，陰中藏陽，外黑內白，故取坎象。陽精爲火，火則有光；陰精爲水，水唯會影。故月本無光，受日映處則有光。光生于日之所照，魄生于日之所不照。晦朔之交，日月同宮，月在日下，日居月上，月體爲日所包，其半邊之光，全向于天，半邊之黑，全向于地，故謂之晦；月去日二十五度，人間乃見微光，謂之哉生明；月去日九十餘度，人間乃見光一半，謂之上弦；及至日月躔度相對，月在天上，日在地下，對照發光，半邊之黑，全向天上，半邊之光，全向人間，其光相望，而圓滿徧照，故謂之望；望後相對漸側，月距日二十五度，人間始見微黑，謂之哉生魄；月距日九十餘度，人間只見光一半，謂之下弦；從此其光漸歛漸微，至于體伏光盡，而稱晦矣。可見月體本無圓缺，惟受日光之所映以爲圓缺。究竟月有圓缺，而日無盈虛，正猶世人後天之命，生老病死，倏忽無常，只有先天一點性光，圓明瑩徹，萬劫長存耳！

周天三百六十五度四分度之一，太陽日行一度，一晝夜一周天，故晝夜一周，謂之一日，行及三十度，方與太陰相會；太陰一日，行十三度有奇，行及廿九日有奇，纔與太陽相會。故晦朔弦望一周，謂之一月。日含五行精者，日本太陽，得火之精，其中藏烏，得水之精，得木精以滋其炁，得金精以耀其光，中納己土之精以包絡終始，其光明之體用方全。月受六律紀者，朔日一陽建子，律應黃鍾；至望而三陽始盈，乃應仲吕，陽極而陰生矣；望日一陰建午，律應蕤賓；至晦而三陰始純，乃爲應鍾；陰極而陽又生矣。舉六律，則六吕在其中。五爲陽數之中，兩其五爲十干；六爲陰數之中，兩其六爲十二支。五日爲一候，六候爲一氣，以五乘六，恰成三十，適合日月相交之度。晦朔弦望，如環無端，度既終則更始矣。

何謂「窮神以知化，陽往則陰來」？張子曰：「一故神，兩故化。」據縣象著明之日月而論，似分兩物。蒲團子按：「縣」，同「懸」。不知太陽中一點陰魄，即是真水；太陰中一點陽魂，即是真火。體則日月爲易，用則水火互藏，是爲陰陽不測之神，故必窮神所自來，乃知化所從出。蓋日往則月來，月往則日來，往來不窮者，一而未嘗不兩。究竟太陽之炁，即藏月中；太陰之精，即藏日中。名爲往來，而實無往來者，兩而未嘗不一也。凡陰陽對待，一往一來，俱謂之化，神則渾然在中，寂然不動，無往無來矣。

知化便是數往者，順；窮神便是知來者，逆。日月往來，終古不息。若輻之輳轂，輪之轉車，一出一入而分晝夜，一卷一舒而定晦朔，四時之寒暑推遷，一元之運會升降，總在其中。惟其神不可測，所以化不可窮耳。吾身日光月精，互相滋化，而總歸于中宮，不動元神，一能兼兩，悉與造化同其功用。

易有三百八十四爻。據爻摘符，符謂六十四卦。晦至朔旦，震來受符。當斯之際：天地媾其精，日月相撢持；雄陽播元施，雌陰化黃包；混沌相交接，權輿樹根基；經營養鄞鄂，凝神以成軀；衆夫蹈以出，蠉動莫不由。

此節言日月交會而產一陽也。

日月爲易，乃造化之本。三百八十四爻，乃周天之用。蓋易有六十四卦，除却乾坤坎離四正卦應鑪鼎藥物，其餘六十卦，得三百六十爻，正應周天度數。不多不少，若合符節。

據爻摘符者，六十卦中，每卦必有一主爻值符，如屯卦主爻在初、蒙卦主爻在上之類。據易言之謂之卦，據丹言之謂之符。一月之有晦朔，猶一日之有亥子也。晦朔中間，日月并會北方虛危之地，陰極陽生，一陽來復，正應震之初爻。故曰：「晦至朔旦，震來受符。」

當其交會之時，天入地中，月包日内。天入地中，有媾精之象；月包日内，有撢持之象。乾主施精，以元中真陽，下播于地，坤主受化，即以黄中真土順承而包絡之。故曰：「雄陽播元施，雌陰化黄包。」

一元一黄，相爲包絡，形如雞子。斯時日月停輪，復返混沌。就此混沌中，自相交媾，產出一點真種，丹基從此始立矣。故曰：「混沌相交接，權輿樹根基。」

坤中既得此一點真種，是爲鄞鄂，須要經營保養，不可令其散失，久之漸漸凝聚，元神始成胚胎，震之一陽乃出而受符矣。故曰：「經營養鄞鄂，凝神以成軀。」

夫此一點真種，乃大地眾生命根。不特爲吾人生身受炁之本，下至蝡動含靈之物，莫不由此一點以生以育。故曰：「眾夫蹈以出，蝡動莫不由。」

是道也，造化順之以生物者，吾人當逆之以自生，所謂「順則成人，逆則成丹」也。晦朔之交，即是活子時；元施、黄包，即是藥產處；經營即是翕聚，鄞鄂即是元神；日往月來，莫非真火符候；要覓先天真種子，須從混沌立根基。

抱一子曰：「雄陽，龍也；雌陰，虎也。播元施者，龍騰元天而降雨也；化黃包者，虎入后土而產金也。上天入地，混沌交接之象也。于是，權輿而立其根基，經營而養其鄞鄂，其神既既凝，其軀自成。凡大而天地，細而蠉動含靈之物，莫不由是而出。惟產此一點于外，乃降本流末，爲生生無窮之道；產此一點于內，乃返本還原、長生超脫之道也。」

天符進退章第四

于是，仲尼讚鴻濛，乾坤德洞虛；稽古當元皇，關雎建始初；冠婚炁相紐，元年乃芽滋。聖人不虛生，上觀顯天符。天符有進退，屈伸以應時。故易統天心，復卦建始萌。長子繼父體，因母立兆基。消息應鍾律，升降據斗樞。三日出爲爽，震庚受西方。八日兑受丁，上弦平如繩。十五乾體就，盛滿甲東方。蟾蜍與兎魄，日月炁雙明。蟾蜍視卦節，兎者吐生光。七八道已訖，屈伸低下降。十六轉受統，巽辛見平明。艮直于丙南，下弦二十三。坤乙三十日，陽路喪其朋。節盡相禪與，繼體復生龍。壬癸配甲乙，乾坤括始終。七八數十五，九六亦相當。四者合三十，陽炁索滅藏。八卦布列曜，運移不失中。元精眇難覩，推度效符徵。居則觀其象，準擬其形容。立表以爲範，占候定吉凶。發號順節令，勿失爻動時。上觀河圖文，下察地形流。中稽于人心，參合考三才。動則循卦節，靜則因彖辭。乾坤用施行，天下然後治。

此章言天符進退，乃金丹火候之所取則也。

于是，仲尼讚鴻濛，乾坤德洞虛；稽古當元皇，關雎建始初；冠婚炁相紐，元年乃芽滋。

此節特爲火候發端也。上章言晦朔之間一陽受符，特標藥產時節，而金丹火候消息未舉其全，到此乃盡泄之。

天道之大者，莫如五行，人道之大者，莫如五經，可以互相發明，而各有其原始焉。易爲五經之元首，乾坤兩卦爲易之元首。乾坤兩卦又從太極中剖出。即此太極本體，合之即鴻濛一炁，分之即乾坤兩卦。乾坤合德，體函萬化，用徹太虛，于是仲尼讚之曰「大哉乾元」「至哉坤元」，豈非陰陽之始乎？仲尼删書，斷自二典，首著稽古之文。「稽古當元皇」，書之始也。删詩，肇自二南，首列關雎之章。關雎建始初，詩之始也。禮貴成人冠婚，爲生育之始，故曰「炁相紐」。春秋紀年，元年爲歲序之始，故曰「芽乃滋」。此仙翁借世典以喻道法也。

鴻濛，即虛無一炁。乾爲鼎，中藏性根；坤爲鑪，中藏命蒂。其間日月往來，洞虛之象。元皇喻元始祖炁，關雎喻兩物相感，相紐喻二氣交并，元年芽滋則一陽初動而真種生矣。

聖人不虛生，上觀顯天符。天符有進退，屈伸以應時。故易統天心，復卦建始萌。長子繼父體，因母立兆基。消息應鍾律，升降據斗樞。

此節正指一陽來復爲作丹之基也。

聖人，即作易之聖人；不虛生，即「論不虛生」之意。天符者，日月交會，乃天道自然之符，即上章所云「據爻摘符」是也，在丹道爲一進一退之節候。蓋自朔而望，爲進陽火，陽伸陰屈，應從子到巳六時；自望而晦，爲退陰符，陰伸陽屈，應從午到亥六時。丹道之動靜，一屈一伸，亦各有其時。聖人默觀元化，知時不可失，每委志虛無以應之，陰符經云「觀天之道，執天之行」是也。天道以日月交會，故有進退屈伸。丹道亦取日月交會，其進退屈伸，莫非易也。而日月爲易，實統之于天心。

天心是造化中間主宰，即太極也。先天之太極，造天地于無形；後天之太極，運天地于有形。在天，正當南北二極之中；在人，則當坎離二用之中。一坎一離，合而爲易，統于天地正中之心。故曰：「易統天心。」天心無所不統，而見之必于復卦。何也？蓋天心之體，本來無動無靜，天心之用，却正當一動一靜。亥子中間，方其靜翕之餘，日月合璧，璇璣停輪，此心渾然在中，毫無端倪可見。至于虛極靜篤，萬化歸根，忽然無中生有，靜極生動，從窮陰中迸出一點真陽，逼露乾元面目，而丹基從此建立矣。所以孔子讚易曰「復其見天地之心乎」，邵子詩曰「冬至子之半，天心無改移」，即所謂「復卦建始萌」也。

復卦内震外坤，震之一陽，得乾初體，雖受真種于乾父，實賴滋育于坤母，如嬰兒始媾成胎，具體而微，尚未出母腹中。故曰：「長子繼父體，因母立兆基。」

一陽既復，自消而息于六律，初應黃鍾。一陽初動，自降而升，時斗柄正建元枵。丹士得之，吹吾身之律呂，水火自然調和，斡吾身之斗杓，金木自然歸并，豈非「消息應鍾律，升降據斗樞」乎？ 此即上章「震來受符」之時也。

三日出爲爽，震庚受西方。八日兑受丁，上弦平如繩。十五乾體就，盛滿甲東方。蟾蜍與兎魄，日月炁雙明。蟾蜍視卦節，兎者吐生光。七八道已訖，屈伸低下降。十六轉受統，巽辛見平明。艮直于丙南，下弦二十三。坤乙三十日，陽路喪其朋。節盡相禪與，繼體復生龍。

此節推八卦納甲以驗金丹火候之進退也。

上文所謂一陽之復，在一日爲亥子，在一歲爲冬至，在一月即爲晦朔。欲知一月小周天火候，當取先天八卦納甲細參之。

晦朔之交，日月合符，乾坤未剖，元黄未分，陽光爲陰魄所包，隱藏不見，此吾身歸根復命時也。交會既畢，月與日漸漸相離，魄中生魂。

至初三日，庚方之上，始露微光。震卦納庚，進而得一陽，此元性初現，而鉛鼎温温矣。故曰：「三日出爲爽，震庚受西方。」

至初八日，陽魂漸長，陰魄漸消，魄中魂半，昏見南方，是爲上弦。兑卦納丁，進而得二陽，此時元性又少現，而光透簾幃矣。故曰：「八日兑受丁，上弦平如繩。」

至十五日，日月對望，陰魄全消，陽魂盛長，其光圓滿，昏見東方，乾納六甲，進而爲純陽。此時元性透露，而鼎中一點靈光，晝夜長明矣。故曰：「十五乾體就，盛滿甲東方。」

然此月魄，必與日魂合，而成其明，實應蟾蜍、兎魄兩象。蟾蜍以象太陽之精，兎魄以象太陰之光。蓋蟾蜍潛伏水底，瞻視非常，時時噓吸太陽金精入于腹中，喻日魂施精于月，自外而吸入也；凡世間之兎，皆雌而無雄，遥望月中玉兎即感而有孕，及其產也，又從口吐而生，喻月魄受日之光，自內而吐出也。離己日光，本來主施；坎戊月精，本來主化。日以施德，月以舒光，所以從下弦至朔旦，月出于西方酉位，全體吸取太陽精炁；從上弦到望日，月盈于東方卯位，乃全體發露太陽光明。故曰：「蟾蜍與兎魄，日月炁雙明。」

其所以取象蟾蜍與兎魄者，于蟾蜍正取其瞻視，于兎正取其能吐而生也。蓋月光之圓缺，全在視日光以爲進退。一陰生于巽，其光漸斂漸退，以至于晦，是爲造化入機；一陽生于震，其光漸舒漸進，以至于望，是爲造化出機。晦朔之交，日光吸入月魄中，相吞相啖，感而成孕，直待三日出庚，其光吞而復吐，自西轉東，自庚轉甲，至望日而光明圓滿矣。故曰：「蟾蜍視卦節，兎者吐生光。」

十五既望，陽極于上，盈不可久，息者不得不消，升者不得不降，陽火轉爲陰符。故曰：「七八道已訖，屈折低下降。」蒲團子按：「屈折」，前文作「屈伸」。

十六以後，陽反爲賓，陰反爲主，陽魂轉受，統攝于陰魄，魂中生魄，晨見辛方。巽卦納辛，退而爲一陰，此性歸于命之始也。故曰：「十六轉受統，巽辛見平明。」

至二十三日，陰魄漸長，陽魂漸消，魂中魄半，是謂下弦，晨見丙方。艮卦納丙，退而爲二陰，此性歸于命之半也。故曰：「艮直于丙南，下弦二十三。」

至三十日，艮之一陽，自東北喪在乙方坤地，有東北喪朋之象，一點陽魂，全體斂入陰魄中，是爲性返爲命，而元陽復歸于混沌矣。故曰：「坤乙三十日，陽路喪其朋。」

然陽無剝盡之理，卦節既盡，消者不得不息，降者不得不升，剝之終即復之始，晦之終即朔之始，震之一陽，繼體于乾父者，還復兆基于坤母，庚方之上，依然吐而生明。故曰：「節盡相禪與，繼體復生龍。」

壬癸配甲乙，乾坤括始終。七八數十五，九六亦相當。四者合三十，陽炁索滅藏。八卦布列曜，運移不失中。

此節結言納甲之始終也。

八卦納甲，原本先天圓圖，最爲元奧。坎以中男納戊，陰中包陽，月之體也；離以中女納己，陽中包陰，日之體也。震長男，巽長女，納庚與辛；艮少男，兑少女，納丙與丁。其間一陰一陽，各各相匹。乾父獨納甲壬，坤母獨納乙癸，原始要終，首尾關鍵，包括六子在内。故曰：「壬癸配甲乙，乾坤括始終。」

六子爲少陰少陽，少陽數七，少陰數八，共得十五數；乾坤爲老陰老陽，老陽數九，老陰數六，亦得十五數。恰應上下兩弦，合成月圓之象。故曰：「七八數十五，九六亦相當。」

二少二老，應乎兩弦之氣，互爲消長。所以自朔訖望，陽長而陰自消；自望訖晦，陰長而陽亦消。當其晦也，陽炁消索，若滅若没，幾無餘矣。孰知一點元精，深藏洞虛之中，終而復始，循環無端。故曰：「四者合三十，陽氣索滅藏。」

八卦環布，日月合璧而生明，三陽三陰，互爲消長，似乎獨無坎離爻位。不知周流六虛，升降上下，莫非坎離中炁運移其間。此日月爲易，所以統乎天心，而爲三陰三陽進退之準則也。故曰：「八卦布列曜，運移不失中。」

元精眇難覩，推度效符徵。居則觀其象，準擬其形容。立表以爲範，占候定吉凶。發號順節令，勿失爻動時。

此節言一動一靜之候，應乎天符也。

卦爻有動有靜，金丹之火候亦然。其時候未到，則當虛以待之。蓋坎離會合，中間自有一點元精，即是先天真種，所謂「杳兮冥兮，其中有精」者也。此物至靈至妙，不可覩聞，難以臆度，惟推納甲消長之度，以爲天符進退之徵驗而已。故曰：「元精眇難覩，推度效符徵。」

天符進退，本無其形，虛無罔象之中，若存若亡。但當虛心體驗，擬諸其形容，而謹候其消息。故曰：「居則觀其象，準擬其形容。」

其時候將到，又當動以應之。蓋晦朔中間，陽欲生而未離乎陰，機已動而未離乎靜，從靜定中候視，須加十分謹密，如歷家立表以測日晷、術家占候以定吉凶，不可一毫差錯。故曰：「立表以爲範，占候定吉凶。」此言將動之時也。

及乎樞機一發，天人交應，便當加採取之功。若朝廷之大號，以時而發，造化之節令，及時而布，不得一刻遲誤。故曰：「發號施節令，勿失爻動時。」「時」即陰符經「食其時」之「時」。蓋指晦朔中間活子時也。若冬至一陽初動，則又屬正子時矣。

上觀河圖文，下察地形流。中稽于人心，參合考三才。動則循卦節，靜則因彖辭。乾坤用施行，天下然後治。

此節言一動一靜之理，貫乎三才也。

上乾下坤，結括終始，乃上天下地之位也；坎離之中炁，運移其中，乃中間人位也：即此已全具三才法象。即此一動一靜之理，便通徹天地，包括河、洛。河圖文，即指龍圖而言。河圖之數，五十有五，循環無端，圓以象天之動。上觀河圖文，即仰以觀于天文也。地形流，即指洛書而言。洛書之位，四正四隅，統于中五，方以象地之靜。下察地形流，即俯以察于地理也。

人者，天地之心也。天地中間，是爲人心，即邵子所謂「一動一靜之間，天地人之至妙至妙者也」。蓋此心非動非靜，而又能動能靜，參天兩地，爲造化之樞機。故曰：「中稽于人心，參合考三才。」

動以應天，陰陽有進退，必循乎卦爻之節。故曰：「動則循卦節。」此即繫辭傳所謂「動則觀其變而玩其占」也，亦即上文「發號順時」之意。靜以應地，剛柔有表裏，不越乎卦爻之辭。故曰：「靜則因彖辭。」此即繫辭傳所謂「居則觀其象而玩其辭」

也，亦即上文「準擬形容」之意。

靜極而動，真陽動于九天之上，是謂「乾元用九」，而元神升乎乾鼎矣；動極復靜，真陰潛于九地之下，是謂「坤元用六」，而元炁歸乎坤鑪矣。元神爲性，元炁爲命，性成命立，天心端拱于中極，百節萬神，無不輻湊皈命，豈非「乾坤用施行，天下然後治」乎？

首章云「乾坤者，易之門户」，次章云「天地設位」，此章首揭「乾坤德洞虚」、中言「乾坤括始終」、終之曰「乾坤用施行」，可見，徹始徹終，只是乾坤爲體，則門户之説，益了然矣。首章云「坎離匡廓，運轂正軸」，次章云「坎離者，乾坤二用」，此章先言「日月炁雙明」、繼言「運移不失中」，末乃揭出二用，可見，徹首徹尾，只是坎離爲用，則匡廓之義，益洞然矣。

抱一子曰：「蟾蜍乃金炁之精，故視卦節而漸旺；玉兎乃卯木之魄，故望太陽而吐光。」

此章極其奥衍。納甲妙義，從古河圖并先天圓圖中來，不特爲全部參同契大關鍵，亦即羲易之精髓也。中間蟾蜍、兎魄兩象，尤稱奇險絕世。魏公于此，幾欲嘔出心肝。今而後註者，與作者可相視而笑矣。

君臣御政章第五

可不慎乎，御政之首。管括微密，開舒布寶。要道魁柄，統化綱紐。爻象內動，吉凶外起。五緯錯順，應時感動。四七乖戾，誃離俯仰。文昌統錄，詰責台輔。百官有司，各典所部。原始要終，存亡之緒。或君驕佚，亢滿違道。或臣邪佞，行不順軌。弦望盈縮，乖變凶咎。執法刺譏，詰過貽主。辰極處正，優游任下。明常布政，國無害道。

此章以君臣御政之得失，喻金丹火候之得失也。

可不慎乎，御政之首。管括微密，開舒布寶。要道魁柄，統化綱紐。爻象內動，吉凶外起。五緯錯順，應時感動。四七乖戾，誃離俯仰。文昌統錄，詰責台輔。百官有司，各典所部。

此節以御政喻火候，當戒慎其初基也。火候之要，徹首徹尾，防危慮險，無一刻不宜慎。若人君御政然，而尤當致謹其初基。蓋金丹大道，以天心爲主，精氣爲用，正猶人主之統御其臣下也，故曰「御政」。學人入室之始，一陽初動，謂之「首經」。譬若人君即位之初，更改正朔，謂之「元年」。上章「元年乃芽滋」，即其義也。故仙翁喟然發端曰：「可不慎乎，御政之首。」

管括微密者，即靜而內守、環匝關閉之意；開舒布寶，即動而應機、發號順應之意。魁柄即是斗杓。斗爲天之喉舌，斟酌元化，統攝周天，若網之有綱、衣之有紐，是爲要道，喻吾身天心實爲萬化之綱領。丹道作用，全仗天心斡運、斗柄推遷。故曰：「要道魁柄，統化綱紐。」

天心既爲萬化綱紐，動而正則罔不吉，動而邪則罔不凶，繫辭傳曰「爻象動乎內，吉凶見乎外」，即其義也。在易爲爻象，在天即爲星象。天有三垣，紫微垣爲北極之所居，最處乎內，太微垣次之，天市垣又次之。由是金木水火土之五緯，并二十八宿之經星，環布于垣外。垣中主星，全係斗杓。凡經緯諸星，或順或逆，無不聽命斗杓。斗杓順動，則五緯經星，罔不循其常度。斗杓一有不順，則環布之五緯，一切逆而不順，應時感動，立見咎徵，周天經星，亦皆一切乖戾，失其常度，而至于誃離俯仰矣。此喻人之天君妄動，則五官錯謬，百脈沸馳，所謂「毫髮差殊不作丹」者也。

天象乖變失常，不可責之眾星。人君御政失宜，亦不可責之百官。有司各有主者。孰爲主者，在天則文昌台輔。文昌，即紫微垣中戴筐六星，號南極統星，錄人長生之籍； 台輔，即垣中三台四輔尊星。三台以應三才，四輔以應四象，各居其方，環拱北極。天之有文昌，猶人君之有六部也； 天之有台輔，猶人君之有相臣也。相臣夾輔帝主，燮理陰陽，六部從而奉行之，則百官有司，不待詰責，自然各典所部矣。譬若作丹之時，心君處中以制外，魁罡坐鎮斗杓，斡旋一水一火，調燮得宜，自然六根大定，百脈沖和，而無奔蹶放馳之失矣。

原始要終，存亡之緒。或君驕佚，亢滿違道。或臣邪佞，行不順軌。弦望盈縮，乖變凶咎。執法刺譏，詰過貽主。辰極處正，優游任下。明堂布政，國無害道。

此節言火候之要存乎君主，當慎終如始也。

火候之一動一靜，徹始徹終，宜乎無所不慎。亦猶人君御政，一動一靜，自始至終，宜無所不慎。慎則轉亡爲存，不慎則轉存爲亡。存亡之緒，從此分矣。此一大事，君臣各有其責，而主之者惟君，蓋臣之聽命于君，猶氣之聽命于志也。心君翼翼，能持其志，則奸聲邪色，自不得而干之。若心君驕亢自用，違其常道，則耳目之官，亦以邪佞應之，行事不循軌則矣。

天心之與人心，同出一原。天心稍或不順，則天行立刻反常。不特五緯錯謬、經星乖戾已也。即如太陰之晦朔弦望，本有常度，今者當盈反縮，當縮反盈，薄蝕掩冐，凶咎不可勝言矣。

天有執法之星，主刺譏過失，即太微垣中左執法、右執法也。朝廷象之，故立爲左右執法之臣，亦主刺譏過失。然違道之過，不在百官有司，而在台輔，并不在台輔，而在君主自身。此萬化從心、反本窮源之論也。故曰：「執法刺譏，詰過貽主。」

主心得失，只在一反覆間。蓋惟皇建極，惟民歸極，心君能寂然不動，無爲以守至正，百體自然從令，有如北辰居所，而眾星自然拱之。故曰：「辰極處正，優游任下。」

心君既端拱神室，百節萬神，莫不肅然。猶王者坐明堂，以朝諸侯，四海九州，莫不率服，寧復有出而梗化害道者？故曰：「明堂布政，國無害道。」

辰極，在天象爲紫微垣，即北極所居；在人君爲深宮內寢，晏息之所也。明堂，在天象爲天市垣，乃帝星所臨；在人君爲朝會之所，通道于九夷八蠻者也。心君所處，內有洞房，外有明堂，上應天垣，下同朝宁，故取御政之象。

此章即治道以明丹道，最爲了然。丹道徹始徹終，不出天心運用。故君喻天心，臣喻藥物，文昌台輔喻三田四象，執法之臣喻耳目之官，百官有司喻周身精氣，吉者「受炁吉」也，凶者「防成凶」也，存喻片時得藥，亡喻頃刻喪失。所貴乎御政者必須外却羣邪、内輔真主，心君端拱于辰極，萬化歸命于明堂，豈非還真之要道乎？

此篇首章言乾坤門户，明乾坤之爲體；次章言坎離二用，明坎離之爲用；三章言晦朔合符而產藥物；四章言天符進退而行火候：皆御政之象也。然而御政之義，不可不明。在天象，以辰極統御周天列宿；在朝廷，以人主統御百官有司；在丹道，則以心君統御周身精炁：乃御政之義也。故以此篇總結之。

上篇中卷

言養性，共計三章，乃上篇之中也。

此卷專言養性，而御政、伏食已寓其中。蓋先天祖性，寂然不動，感而遂通，不出中黃，爲萬化之主宰。舉性則命在其中，舉養性則元精、元氣并歸元神之中矣。知而養之，方契黃帝、老子虛無自然大道，故末篇又稱「黃老養性」。

鍊己立基章第六

內以養己，安靜虛無。原本隱明，內照形軀。閉塞其兑，築固靈株。三光陸沉，温養子珠。視之不見，近而易求。黃中漸通理，潤澤達肌膚。初正則終修，幹立末可持。一者以掩蔽，世人莫知之。

此章言鍊己立基在乎得一，乃養性之初功也。

內以養己，安靜虛無。原本隱明，內照形軀。閉塞其兑，築固靈株。三光陸沉，温養子珠。視之不見，近而易求。

此節言鍊己之初基也。首卷「御政」諸章，但敷陳乾坤坎離造化法象，到此方直指鍊己工夫，示人以入手處。

呂祖云：「七返還丹，在人先須鍊己待時。」張紫陽云：「若要修成九轉，先須鍊己持心。」鍊己即養己也。己即離中己土，爲性根之所寄，只因先天底乾性轉作後天之離，元神翻作識神，心中陰氣，刻刻流轉，易失而難持，不得坎中先天至陽之炁，無以制之。然先天一炁，從虛無中來，若非致虛守靜之功，安得窮源反本哉？故曰：「内以養己，安靜虛無。」

生身受炁之初，本來一點靈明，人人具足，只因後天用事，根寄于塵，塵轉爲識，日逐向外馳求，未免背覺合塵，認奴作主，故必須時刻收視返聽，一點靈明自然隱而不露，深藏若虛。從此默默内照，方知四大假合之軀，總歸幻泡，當下便得解脱矣。故曰：「原本隱明，内照形軀。」

兑爲口，係一身出入之門户，凡元氣漏泄處，悉謂之兑，而總持于方寸之竅。黄庭經云「方寸之中謹蓋藏」，即閉塞之意也。即此方寸中間，有一點至靈之物，爲生生化化之根株。故曰「靈株築固」者，不漏不摇也。

三光，在天爲日、月、斗；在人，離以應日，坎以應月，天心在中，以應斗樞。一坎一離，南北會合，反聞内照，真人潛于深淵，塞兑固守，元珠得于罔象，如此則天心寂然不動，而鍊己之功就矣。故曰：「三光陸沉，温養子珠。」然本來一點靈光，倏有倏無，非近非遠，只在目前，人却不識，索之身內不得，索之身外又不得。故曰：「視之不見，近而易求。」

黃中漸通理，潤澤達肌膚。初正則終修，幹立末可持。一者以掩蔽，世人莫知之。

此節言鍊己之功在乎得一也。

度人經云：「中理五炁，混合百神。」可見中黃丹扃，爲萬化統會之地。譬若北辰居所，衆星自拱。學道之士，從此温養子珠，勿忘勿助，久之神明自生，漸漸四通八達，身中九竅百脈、三百六十骨節、八萬四千毛孔一齊穿透，自然光潤和澤，感而畢通，即易所云「美在其中，而暢于四肢」也。故曰：「黃中漸通理，潤澤達肌膚。」

丹道有初有終，有本有末。初者，鍊己下手之功；終者，入室了手之事。初如木之有幹，本也；終如木之有標，末也。然須知，最初下手一步，便是末後了手一步，所謂「但得本，莫愁末」也。初基一步，便踏着正路，從此循序漸進，修持之功自然節節相應。原始可以要終，即本可以該末矣。故曰：「初正則終修，幹立末可持。」

然則孰爲初，孰爲本，要在一者而已。未生以前，惟得一則成人；有生以後，能抱一即成丹。蓋一生二，二生三，三生萬物，順去生人生物者，此一也。而三返二，二返一，一返虛無，逆來成聖成仙者，亦此一也。太上云：「得其一，萬事畢。」又曰：「谷神不死，是謂元牝。」谷神至虛而至靈，其妙生生不已。從生生不已處，分出元牝，其體則一，其用則兩，秘在「掩蔽」二字。掩者，掩其元門；蔽者，蔽其牝户。若非一者在中，豈能掩蔽？然非掩蔽于外，亦不成其爲一。此中竅妙，非得真師指授，縱饒慧過顔閔，莫能强猜，况世間凡夫乎？故曰：「一者以掩蔽，世人莫知之。」

所云「黄中」，是指出祖竅之「中」；所云「一者」，是指出祖竅之「一」。知中則知竅，知一則知竅中之妙，知竅中之妙便知本來祖性，便知守中抱一是養性第一步工夫。

兩竅互用章第七

上德無爲，不以察求。下德爲之，其用不休。上閉則稱有，下閉則稱無。無者以奉上，上有神明居。此兩孔穴法，金炁亦相胥。知白守黑，神明自來。白者金精，黑者水基。水者道樞，其數名一。陰陽之始，元含黄芽。五金之主，北方河車。故鉛外黑，内懷金華。被褐懷玉，外爲狂夫。金爲水母，母隱子胎。水爲金子，子藏母胞。真人至妙，若有若無。髣髴太淵，乍沉乍浮。退而分布，各守境隅。採之類白，造之則朱。鍊爲表衛，白裏真居。方圓徑寸，混而相拘。先天地生，巍巍尊高。旁有垣闕，狀似蓬壺。環匝關閉，四通踟躕。守禦密固，遏絕奸邪。曲閣相連，以戒不虞。可以無思，難以愁勞。神炁滿室，莫之能留。守之者昌，失之者亡。動靜休息，常與人俱。

此章直指坎離兩竅之用，爲金丹關鍵也。

上德無爲，不以察求。下德爲之，其用不休。上閉則稱有，下閉則稱無。無者以奉上，上有神明居。此兩孔穴法，金炁亦相胥。

此節指兩竅之妙用也。

大道非一不神，非兩不化。上章云「一者以掩蔽」，既明示人以得一矣。然而掩蔽之妙，其體則存乎一，其用不離乎兩。蓋金丹妙用，只在後天坎離。坎離妙用，不出先天乾坤。究竟只是「性命」二字。

性者，先天一點靈光，真空之體也。其體，圓成周徧，不減不增，在天爲資始之乾元。在人便是父母未生前本來面目，故名「上德」。此中本無一物，靈光獨耀，迥脱塵根。若從意根下卜度推求，便失之萬里。蓋性本天然，莫容擬議，直是覓即不得。故曰：「上德無爲，不以察求。」

命者，先天一點祖炁，妙有之用也。其用，樞紐三才，括囊萬化，在天爲資生之坤元，在人便是「㘞」地一聲時立命之根，故名「下德」。其中元炁周流，潛天潛地，變現無方，若向一色邊沉空守寂，便墮在毒海。蓋命屬有作，不落頑空，一息不運即死。故曰：「下德爲之，其用不休。」

上閉則稱有者，坤入乾而成離也。先天之乾，本是上德，只因坤中一陰，上升乾家，陽炁從外而閉之，所謂「至陰肅肅出乎天」者也。乾中得此一陰，性轉爲命，感而遂通，遂成有爲之下德矣。人但知離體中虚，便認做真空，不知這一點虚處，正是真空中妙有，唤作「無中有」。下閉則稱無者，乾入坤而成坎也。先天之坤，本是下德，只因乾中一陽，下降坤家，陰炁亦從外而閉之，所謂「至陽赫赫發乎地」者也。坤中得此一陽，命轉爲性，寂然不動，依然無爲之上德矣。人但知坎體中實，便認做妙有，不知這一點實處，正是妙有中真空，唤作「有中無」。

坤中既受乾炁，還以此點真陽上歸于乾，是謂反本還原，歸根復命，自是先天神室中產出一點鄞鄂，是爲萬劫不壞之元神。故曰：「無者以奉上，上有神明居。」

神明之妙，固全在中黄正位，然非坎中真金之精上升、離中真水之炁下降，有無互入，兩者交通成和，神明亦何自而生耶？故曰：「此兩孔穴法，金炁亦相胥。」兩孔穴，即坎離兩用之竅妙，所謂「元牝之門世莫知」者也。

知白守黑，神明自來。白者金精，黑者水基。水者道樞，其數名一。陰陽之始，元含黄芽。五金之主，北方河車。故鉛外黑，内懷金華。被褐懷玉，外爲狂夫。

此章直指水中之金爲先天丹母也。

承上言，所謂神明者，亦非自然而來，須有一段作用。其作用全在知白守黑。知白守黑者，白即坎中真金，黑即離中真水，人能洞徹真空，靜存妙有，一點神明，自然從虛無中生出，心印經所謂「存無守有，頃刻而成」也。只此便是金丹，便是後天返先天處。故曰：「知白守黑，神明自來。」

魏公又恐人不識金丹原本，故重提之曰：「白者金精，黑者水基。」言此白者，非有形之金，乃空劫中虛無元性也。元性本純白無染，便是未生以前乾元面目，即所云「上德」也。白者，即非金之精乎？此黑者，非行地之水，乃虛無中所生之一炁也。一炁本鴻濛未分，便是「囫」地一聲以後坤元根基，即所云「下德」也。黑者，豈非水之基乎？

先天金性，即渾成大道，尚無「一」之可名。及乎道既生一，露出端倪，便稱天一之水，是爲道之樞機，而金性藏于其中矣。故曰：「水者道樞，其數名一。」最初一點真水，中藏真金，爲元炁生生之根本。故曰：「陰陽之始，元含黃芽。」黃芽者，取水中藏金之象，指先天一炁而言也。先天一炁，正是乾家金精，能總持萬化，爲後天五行生成之真宰，而深藏北極太淵之中。故曰：「五金之主，北方河車。」

五金者，借外鍊銀、鉛、砂、汞、土，以喻身中五行之精。即此一物，以其外之純黑也，故象鉛；以其黑中含白也，故又有金華之象。譬若有人外被褐而内懷玉，外若狂夫，中藏聖哲，豈非神明不測者乎？此言真鉛之別于凡鉛也。苟能知白守黑，則神明自來矣。

金丹妙用，只在水中之金。此段特顯其法象。入藥鏡云「水鄉鉛，只一味」，悟真篇云「黑中有白爲丹母」，此之謂也。

金爲水母，母隱子胎。水爲金子，子藏母胞。真人至妙，若有若無。髣髴太淵，乍沉乍浮。退而分布，各守境隅。採之類白，造之則朱。鍊爲表衛，白裏真居。

此節重指金水兩竅之用，并兩而歸一也。

上節合言水中金，此又分言金水兩體。金精本能生水，水之母也，乾中真金，隱在坤水包絡中，故曰「母隱子胎」，即上文所云「下閉則稱無」也；水本金之所生，金之子也，坤中真水藏在乾金匡廓內，故曰「子藏母胞」，即上文所云「上閉則稱有」也。金水互用，便是兩弦之炁。兩畔同升合爲一，而真人出其中矣。真人存于中宮，非有非無，靈妙不測。故曰：「真人至妙，若有若無。」髣髴太淵者，真人潛深淵也；乍沉乍浮者，浮游守規中也。金水交會之際，同在中央，及既交而退，真人處中，兩者依舊分布上下，一南一北，各守境隅矣。其初採取北方坎中之金，本來一片純白，及至煅以南方離中真火，然後赫然發光，豈非「採之類白，造之則朱」乎？然此一點真種，非有非無，本質極其微妙，須賴中黃坤母環衛而乳哺之，方得安居神室，不動不搖。故曰：「鍊爲表衛，白裏真居。」

此段言并兩歸一，乃藥物入鑪之象，即上所云「無者以奉上，上有神明居」也。

方圓徑寸，混而相拘。先天地生，巍巍尊高。旁有垣闕，狀似蓬壺。環匝關閉，四

通踟蹰。守禦密固，遏絕奸邪。曲閣相連，以戒不虞。可以無思，難以愁勞。神炁滿室，莫之能留。守之者昌，失之者亡。動靜休息，常與人俱。

此節特顯鑪鼎法象，而火候即在其中。

中黄神室之中，不過徑寸，圓以象天，方以象地，中有真人居之，混混沌沌，形如雞子，黄庭經云「方圓一寸處此中」是也。故曰：「方圓徑寸，混而相拘。」

徑寸之地，即元關也。元關一竅，大包六合，細入微塵，未有天地，先有此竅，號爲天中之天，内藏元始祖炁，豈非「先天地生，巍巍尊高」者乎？

此竅當天地正中，左右分兩儀，上下定三才，左通元門，右達牝户，上透天關，下透地軸，八面玲瓏，有如蓬島、方壺之象，豈非「旁有垣闕，狀似蓬壺」者乎？

「環匝關閉，四通踟蹰」者，深根固蒂，牢鎮八門，令内者不出也；「守禦密固，遏絕奸邪」者，收視返聽，屏除一切，令外者不入也。

靈竅相通，本無隔礙，然必防危慮險，故曰「曲閣相連，以戒不虞」；定中迴光，本無間斷，又必優游自然，故曰「可以無思，難以愁勞」。

神室中元始祖炁，人人具足，本來洋溢充滿，但人自不能久留耳。故曰：「神炁滿室，莫之能留。」

真人既安處神室，必須時時相顧，刻刻相守，若一刻不守，便恐致亡失之患。故曰：「守之者昌，失之者亡。」惟是一動一靜，不敢自由，直與神室中真人呼吸相應，彼動則與之俱動，彼靜則與之俱靜，彼休息則與之俱休息，勿助勿忘，緜緜若存，火候纔得圓足。故曰：「動靜休息，常與人俱。」

此段言鑪鼎之象，而兼温養之功，即上文所云「金炁相胥」之作用也。

此章首揭出有無兩用之竅，是真鑪鼎；次別金水二炁之用，是真藥物；末了更示人以温養防護之功，是真火候。金丹關鍵，已全俱此中，不可忽過。

明辨邪正章第八

是非歷臟法，内觀有所思。履罡步斗宿，六甲次日辰。陰道厭九一，濁亂弄元胞。食氣鳴腸胃，吐正吸外邪。晝夜不臥寐，晦朔未嘗休。身體日疲倦，恍惚狀若癡。百脈鼎沸馳，不得清澄居。累土立壇宇，朝暮敬祭祀。鬼物見形象，夢寐感慨之。心歡意喜悅，自謂必延期。遽以夭命死，腐露其形骸。舉措輒有違，悖逆失樞機。諸術甚眾多，千條有萬餘。前却違黃老，曲

折戾九都。明者省厥旨，曠然知所由。

此章歷指旁門之謬，以分别邪正也。欲知大道之是，當先究旁門之非。旁門種種邪謬，不可枚舉，姑約略而計之。

是非歷臟法，内觀有所思。

此内觀五臟，着于存想之旁門。

履罡步斗宿，六甲次日辰。蒲團子按：「罡」，道統大成本作「罡」，道藏輯要本、鈔本均作「行」。

此履罡步斗，泥于符術之旁門。

陰道厭九一，濁亂弄元胞。

此九淺一深，採陰補陽之旁門。

食氣鳴腸胃，吐正吸外邪。

此吞服外氣，吐故納新之旁門。

晝夜不臥寐，晦朔未嘗休。

此搬精運氣，長坐不臥之旁門。

身體日疲倦，恍惚狀若癡。百脈鼎沸馳，不得清澄居。

以上五種旁門，俱是求之身內者，種種揑怪，勉强行持，究其流弊，至于身體疲倦，精神恍惚，周身之百脈，勢必奔逸散馳，而無一刻清寧澄湛之時。求之身內者，其惡驗如此。

累土立壇宇，朝暮敬祭祀。鬼物見形象，夢寐感慨之。

此祭鍊鬼物，入夢現形之旁門。

心歡意喜悅，自謂必延期。遽以夭命死，腐露其形骸。

以上一種旁門，是求之身外者。初時朝暮祭祀，妄冀鬼物救助，益算延年，不知反爲鬼物所憑，流入陰魔邪術，既而或遭魔難，或遘奇疾，本欲長生，反夭厥命，腐露形骸，爲世俗之所恥笑矣。求之身外者，其惡驗又如此。蒲團子按：「魔難」，道統大成本作「魔難」，道藏輯要本、鈔本均作「王難」。

章首「是非」二字，直貫到底，言金丹大道，全在養性，非是此等旁門可得而混入也。養性工夫，即在前兩章中，旁門反之，故招種種惡驗。

舉措輒有違，悖逆失樞機。諸術甚衆多，千條有萬餘。前却違黃老，曲折戾九都。明者省厥旨，曠然知所由。

此段結言旁門之背道也。

金丹大道，莫過養性，原本黃帝、老子虛無自然宗旨，故陰符、道德兩經，直指盡性盡命最上一乘法門，與三聖作易，同一樞機。世人不悟，往往流入旁門，動輒千差萬别，悖逆之極，全失其樞機矣。以上所列五六種，或求之身内，或求之身外，只是畧舉一隅，引而伸之，千條萬緒，可以類推，大約非黃老復命歸根之功，即非黃老九宫洞房之奥。此輩甘墮旁蹊，如却行求前，徒費曲折耳。明眼之士，亟發信心，參禮真師，窮取性命根源、本來面目，倘能于片言之下洞徹宗旨，方知本來一條平坦道路，人人可得而由，再加向上工夫，勤行伏鍊，庶乎脱旁蹊而超彼岸矣。

上篇下卷

言伏食，共計七章，乃上篇之下也。

此章專言伏食，而御政、養性已寓其中。前面「御政」諸章，但陳一陰一陽法象；「養性」諸章，但指一性一命本體。至于陰陽之配合，性命之交并，別有妙用存焉。此伏食之功，所以爲金丹最要關鍵也。蒲團子按：「最要關鍵」，道統大成本作「最要關鍵」，道藏輯要本作「要關鍵」，鈔本作「最爲關鍵」。伏者，取兩物相制爲用；食者，取兩物相并爲一。蓋假鉛汞凡藥，巧喻性命真種，借鼎鑪外象，旁通身心化機，以有形顯無形，乃是伏食宗旨，究非燒茅弄火一切旁門可得而假借也。藥在鑪中，須用真火鍛鍊，故末篇又云鑪火之事。

兩弦合體章第九

火記不虛作，演易以明之。偃月法鑪鼎，白虎爲熬樞。汞日爲流珠，青龍與之俱。舉東以合西，魂魄自相拘。上弦兑數八，下弦艮亦八。兩弦合其精，乾坤體乃成。二八應一斤，易道正不傾。

此章直指金水兩弦之炁，先分後合，示人以真藥物也。

火記不虛作，演易以明之。偃月法鑪鼎，白虎爲熬樞。汞日爲流珠，青龍與之俱。舉東以合西，魂魄自相拘。

此節指兩弦真炁爲金丹之用也。

前「養性」章中，俱說虛無自然大道，尚不及龍虎鉛汞諸異名，到此方說臨鑪作用，要緊全在金水兩物，曰鑪鼎，曰鉛汞，曰龍虎，曰上下兩弦，種種曲譬，皆是物也。

世傳古丹經有火記六百篇，魏公倣之作參同契，其實非也。火記本無，其文即在先天羲易中。蓋日月爲易，不過一陰一陽，體屬乾坤，用寄坎離，一切異名，皆從此演出。于乾坤，寓鑪鼎法象；于坎離，寓藥物法象。其餘六十卦，三百六十爻，即寓火候法象。一日兩卦，一月之候正應周天三百六十度數，又以一月配一年，便成火記六百篇，究竟只是日月爲易，一陰一陽而已。故曰：「火記不虛作，演易以明之。」

坎爲太陰真水，本是月精，然必受符于日。晦朔交會之間，陰極轉陽，魄中生魂，一陽實生于朔，火力尚微。到初三日没時，庚方之上，一陽初動而爲震，一鈎偃仰，成偃月之象。坎水中產出金精，所謂「虎向水中生」也。金伏鑪中，必須煅之乃出，是爲上弦兑體。故曰：「偃月法鑪鼎，白虎爲熬樞。」此舉鑪鼎以包藥物也。

離爲太陽真火，本是日光，然必合體于月。日月對望之際，陽極轉陰，魂中生魄，一陰實生于望，水炁尚藏。到十六日平明時，辛方之上，一陰初降而爲巽，盛滿欲流，有流珠之象。離火中生出木液，所謂「龍從火裏出」也。木性順金，恒欲流而就下，是謂下弦艮體。故曰：「汞日爲流珠，青龍與之俱。」此舉藥物以該鑪鼎也。于是驅東方之龍，以就西方之虎，流珠與金華，情性既已相投，地魄與天魂，金木自然相制。故曰：「舉東以合西，魂魄自相拘。」此言兩竅互用、金炁相胥之妙，假兩弦法象以發明之也。

上弦兌數八，下弦艮亦八。兩弦合其精，乾坤體乃成。二八應一斤，易道正不傾。

此節言兩弦之炁合而成丹也。

自震庚一點偃月，進至一陽，便屬上弦之兌，其卦氣納丁。此時水中胎金，魄中魂半，所謂「上弦金半斤」也。如顛倒取之，亦可云「水半斤」。故曰：「上弦兌數八。」自巽辛一點流珠，退到二陰，便屬下弦之艮，其卦氣納丙。此時金中胎水，魂中魄半，所謂「下弦水半斤」也。如顛倒取之，亦可云「金半斤」。故曰：「下弦艮亦八。」

前取兩物相制，故云「金木」； 此又取一體相生，故云「金水」： 其用一也。兌體本屬純乾，因上爻易坤一陰，遂成少女； 艮體本屬純坤，因上爻易乾一陽，遂成少男。今者兩畔同升，合而爲一，純金還乾，性處内而立鄞鄂，純水還坤，命處外而作胞胎，一粒金丹，產在中黃土釜，豈非「兩弦合其精，乾坤體乃成」乎？ 須知兩弦之時，即具全體。到得全體之時，却不見有兩弦。 全體之合，得諸自然； 兩弦之分，別有妙用。所謂「月之圓存乎口訣」也。

夫兩弦既合，鉛止半斤，汞惟八兩，正應金丹一斤之數。乾坤之全體，從艮兌之分體而成也。艮兌之分體，又從坎離之中體而出也。坎離之體，不過一日一月。前所云「日月爲易」者，到此適得其平，而無傾昃之患矣。 故曰：「二八應一斤，易道正不傾。」

即後天兩弦之用，以還先天乾金之體，方是金丹作用，正所云「演易以明之」者，此伏食之第一義也。

金返歸性章第十

金入于猛火，色不奪精光。自開闢以來，日月不虧明。金不失其重，日

月形如常。金本從月生，朔旦受日符。金返歸其母，月晦日相包。隱藏其匡廓，沉淪于洞虛。金復其故性，威光鼎乃熺。

此章直指先天金性爲丹道之基也。

上章并舉金水兩弦，猶屬對法。此則并兩歸一，直提金性根源，令學道者知有歸宿處。且如世間真金，入猛火中，煅煉一番，精光自然倍增，罔有奪其色者。凡金尚然，矧此本來金性，原屬乾元，先天地生，萬劫不壞，有能奪其精光者乎？故曰：「金入于猛火，色不奪精光。「

當其混濛初剖，地闢天開，乾中一陽既破而爲離，坤中一陰遂實而爲坎。坎屬太陰，其精爲金；離屬太陽，其光爲火。坎中真金，煅以離中真火，精光自然團結不散，所以日月合體，而亘古亘今，光明不息。故曰：「自開闢以來，日月不虧明。」

世間真金，入猛火中煅煉數過，分量終不增減纖毫，況本來金性，無欠無餘，由他在乾坤大冶中千變萬化，分量斷然不增不減矣。所以自有日月以來，升沉出沒，不知幾經薄蝕，而圓明之體，萬古常存者，惟金性不毀故也。故曰：「金不失其重，日月形如常。」

金之精光本一，而日月分受之。日得其光，常主外施；月得其精，常主內藏。

究竟日月原非二體，精光亦非二物。坎中金精，雖若寄體于月，實則受胎于日。人但見初三之夕一點陽光，倏從庚方出現，似乎金從月生。不知這點光明，元從太陽中來，只因晦朔之交，日月合璧，日魂返照月魄，感而有孕。至于朔旦，一陽初動，月魄乃遡日魂而生明，震來受符矣。故曰：「金本從月生，朔旦受日符。」

蓋坎中金精，原從乾金中分來，故以乾爲父，又從坤土中產出，故以坤爲母。月當晦時，與日媾精，兩相撣持，日在上，月居下，日精入在月中，盡爲太陰所收，月光包在日內，盡爲太陽所攝，光盡體伏，純黑無光，乃坎金返歸坤土之象。故曰：「金返歸其母，月晦日相包。」蒲團子按：「攝」，一本作「揖」，意同。

當金返歸母之時，月既爲日所包，陽光遂隱匿潛伏，深藏于北方虛危之地，一點金精沉在北極太淵空洞虛無之中。在造化，爲日月合璧，璇璣停輪；在吾身，爲神歸炁穴，大藥入鑪之時也。故曰：「隱藏其匡廓，沉淪于洞虛。」

未幾而陰極陽生，金性來復，庚方之上，一陽復萌。在造化，爲哉生明；在吾身，爲大藥將產，出坤鑪而上升乾鼎。坎中真金，到此纔得返本還源，復其乾父之性，赫然成丹，而光明洞徹太虛矣，豈非「金復其故性，威光鼎乃熺」乎？

此章直指金性爲造化之根、生身之本。造化之奧，全在河圖。水爲五行開先，故天一即生水。

沿而下之，水生木，木生火，火生土，到土方纔生金。金獨處其最後，而全五行之氣，是造化以金爲要終也。土爲五行殿後，故天五纔生土。遡而上之，生土者火，生火者木，生木者水，水却從金而生。金復處其最先，而闢五行之源，是造化又以金爲原始也。此終則有始之妙也。

金在吾身，即屬先天祖性。父母未生以前，此性圓同太虛。迨媾精以後，地水火風，四大假合，而成幻軀，太虛中一點真性，落于其中，方能立命，是吾身以金爲原始也。及乎四大假合之軀，終歸變滅，而此金性獨不與之俱變，萬劫長存，是吾身又以金爲要終也。此無終無始之妙也。

昔羲皇作易，剖開太極，劈破天心，最初落下一點，便成乾卦。乾爲天，而孔子翼之曰：「萬物資始。」乾爲金，而孔子翼之曰：「純粹以精。」此萬世盡性至命之準則也。釋迦得此，以證丈六之身，故尊之曰「金仙」；元始得此，以結一黍之珠，故寶之曰「金丹」。三教根源，同一金性，外此即墮旁蹊曲徑矣。此學道者所當細參也。

從「金性」二字，參出三教聖人立地處，可謂泄盡天機。即此見參同一書，無人不當讀、無時不當讀矣。

真土造化章第十一

子午數合三，戊己號稱五。三五既合諧，八石正綱紀。呼吸相含育，停息爲夫婦。黃土金之父，流珠水之子。水以土爲鬼，土鎮水不起。朱雀爲火

精，執平調勝負。水盛火消滅，俱死歸厚土。三性既合會，本性共宗祖。巨勝尚延年，還丹可入口。金性不敗朽，故爲萬物寶。術士伏食之，壽命得長久。土遊于四季，守界定規矩。金砂入五內，霧散若風雨。薰蒸達四肢，顏色悅澤好。髮白皆變黑，齒落還舊所。老翁復壯丁，耆嫗成姹女。改形免世厄，號之曰真人。

此章專揭二土之用，造化成丹，示人以歸根之要也。

子午數合三，戊己號稱五。三五既合諧，八石正綱紀。呼吸相含育，佇息爲夫婦。

此節言水火二用必歸于中土也。蓋丹道妙用，無過水火，水火妙用，不離戊己，大約舉一即兼兩，舉兩即兼三，會三乃歸一，故水火既濟，其功用全賴中央真土。水屬北方正子，在吾身爲坎戊月精，天一所生，其數得一；火屬南方正午，在吾身爲離己日光，地二所生，其數得二。兩者一合，便成三數。坎中有戊，是爲陽土；離中有己，是爲陰土：在吾身爲中黃真意。土本天五所生，獨得五數。故曰：「子午數合三，戊己號稱五。」合之而三性具矣。

水火異性，各不相入，惟賴中央土德，多方調燮，方得相濟爲用。由是水一火二，得中央之土，列爲四象，重爲八卦，四正四隅，分布環拱，便成八石之象，豈非「三五既和諧，八石正綱紀」乎？外鍊之術，以五金配五行，以八石配八卦，丹頭一到，五金八石，皆點化而成真金。故仙翁假外象以喻内功，切不可泥相執文。

水火既已相濟，其中一闔一闢，便有呼吸往來。呼至于根，吸至于蒂，總賴中宫真土含藏而停育之。此呼吸非口鼻之氣，乃真息也。真息往來，初無間斷，自相闔闢于中土，不啻夫婦之相配偶，乃真胎也。中宫之真胎不動，而一水一火，自然呼吸其中。猶太虚之真胎不動，而一日一月自然呼吸其中，豈非「呼吸相含育，佇息爲夫婦」乎？

此段直指真意爲金丹之母。南華經云「真人之息以踵」，心印經云「呼吸育清」，黄庭經云「後有密户前生門，出日入月呼吸存」，皆言真息也。此處指北方正子爲水，南方正午爲火，以本體而言；後面指離中流珠爲水，坎中金精爲火，又以顛倒互用而言矣。

黃土金之父，流珠水之子。水以土爲鬼，土鎮水不起。朱雀爲火精，執平調勝負。水盛火消滅，俱死歸厚土。三性既合會，本性共宗祖。

此節言真土妙用，能使三家歸一也。

戊己二土，分屬水火。水火之中，便藏金木，而終始不離于土。蓋生身受炁之初，即有中黃真土，爲金精之所自出。此金本是乾家祖性，中宮不動元神，只因乾金一破，流入坤中，實而爲坎。坎中金精，便屬戊土，即所謂「金華」也。惟坎中真金，從乾父而生，故曰「黃土金之父」。乾之一陽，既入坎中，中間換入一陰，破而爲離，正是坤宮真水，化出離中木液，便屬己土，即所謂「太陽流珠」也。惟離中流珠，從坤母而出，故曰「流珠水之子」。此言三性之順而相生者也。

坎中金精，是爲太陽真火；離中木液，是爲太陰真水。離中陰水，易至泛濫，來尅坎中陽火，坎中之火乃生中央真土以制之。故曰：「水以土爲鬼，土鎮水不起。」離中之水，能尅坎中真火，中央之土，能制離中真水，而坎中之火又能生中央真土，所以水火相尅，兩下交戰，全賴中央真土調停火候，不使兩家偏勝，庶幾各得其平。故曰：「朱雀爲火精，執平調勝負。」朱雀是火候之火，不可偏屬兩家，所以特稱火精。火盛而有炎上之患，賴真水以消滅之；水盛而有泛溢之虞，又賴真土以鎮伏之。火性一死，永不復燃；　水性一死，永不復流：　俱銷歸于真土之中。故曰：「水盛火銷滅，俱死歸厚土。」此言三家之逆而相尅者也。

三家順而相生，須從中宮之土生起；　三家逆而相尅，亦從中宮之土尅起。所以丹道作用，全在真意。念頭起處，係人生死之根，順之則流轉不窮，逆之則輪迴頓息。于此起手，即于此歸根，不可不知。離中真水稱一性，坎中真火稱一性，中央真土獨稱一性，方其未歸之前，强分三性，既歸之後，方知三性本來只是一性。最初太極函三，渾然天地之心，不可剖析。因混沌一剖，水火遂分上下兩弦，并中土而成三家，此由合而分也。後來兩弦之炁，由分而合，戊己二土，銷歸中央，依然一个宗祖，張紫陽所謂「追二炁于黄道，會三姓于元宮」是也。故曰：「三性既會合，本性共宗祖。」

初云夫婦，以兩性相配而言也；　繼云父子，言兩性之所自出也；　究云宗祖，乃并爲一性矣。夫婦喻坎離，父母喻乾坤，是爲兩儀四象。宗祖喻中央祖土，便是返太極處。歸根復命之妙，于此可見。

巨勝尚延年，還丹可入口。金性不敗朽，故爲萬物寶。術士伏食之，壽命得長久。土遊于四季，守界定規矩。金砂入五内，霧散若風雨。薰蒸達四肢，顔色悦澤好。髮白皆變

黑，齒落還舊所。老翁復壯丁，耆嫗成奼女。改形免世厄，號之曰真人。

此節言伏食之神驗也。

三性會合，便成金丹，吞入口中，便稱伏食，逈非旁門服食之術也。世間藥草，如巨勝之類，尚可延年益算，況金性堅剛，萬劫不朽，豈不爲萬物中至寶？道術之士，倘能伏此先天一炁，壽命有不長久者乎？

戊己二土，本無定位，周流四季。在東則爲辰土，在南則爲未土，在西則爲戌土，在北則爲丑土。木、火、金、水，無非土之疆界。作丹之時，賴此土以立中宮之基；伏丹之時，仍賴此土以定四方之界。故曰：「土遊于四季，守界定規矩。」

金砂，即還丹也，蓋兩物所結就者；入五内，即是入口，蓋指方寸而言，非服食之邪說也。「霧散若風雨」以下，俱是伏丹後自然之驗。丹既吞入口中，靈變不測，周身八萬四千毛孔，若雲騰霧散、風雨暴至之狀，四肢自然薰蒸，顏色自然悅澤，髮白還黑，齒落轉生，老翁復成壯男，老嫗變成奼女，劫運所不能制，造物所不能厄，任他滄海成田，由我逍遙自在，號之曰「真人」，不亦宜乎？

同類相從章第十二

胡粉投火中，色壞還爲鉛。冰雪得温湯，解釋成太玄。金以砂爲主，稟和于水銀。變化由其真，終始自相因。欲作伏食仙，宜以同類者。植禾當以穀，覆雞用其卵。以類輔自然，物成易陶冶。魚目豈爲珠，蓬蒿不成檟。類同者相從，事乖不成寶。燕雀不生鳳，狐兎不乳馬。水流不炎上，火動不潤下。世間多學士，高妙負良材。邂逅不遭遇，耗火亡資財。據按依文說，妄以意爲之。端緒無因緣，度量失操持。擣治羌石膽，雲母及礬磁。硫黃燒豫章，泥汞相鍊飛。鼓鑄五石銅，以之爲輔樞。雜性不同類，安肯合體居。千舉必萬敗，欲黠反成癡。稚年至白首，中道生狐疑。背道守迷路，出正入邪蹊。管窺不廣見，難以揆方來。僥倖訖不遇，聖人獨知之。

此章言同類相從方稱伏食，而外鍊者失其真也。

胡粉投火中，色壞還爲鉛。冰雪得温湯，解釋成太玄。金以砂爲主，稟和于水銀。變

化由其真，終始自相因。

此節正言水火同類相變化而成丹也。何爲同類？ 人但知坎爲水，不知坎中一陽本從乾家來，正是太陽真火，陽與陽爲同類，故坎中真火恒欲炎上以還乾； 人但知離爲火，不知離中一陰本從坤宮來，正是太陰真水，陰與陰同類，故離中真水恒欲就下以還坤。 此即大易「水流濕，火就燥，本乎天者親上，本乎地者親下，各從其類」之義也。 魏公先以世間法喻之。 如胡粉本是黑鉛燒就，一見火則當下還復爲鉛； 氷雪本是寒水結成，一見湯則立刻解釋成水。 可見，火還歸火，水還歸水，本性斷不可違矣。

鍊金丹者，只取一味水中之金。 水中之金，即命蒂也。 本來原出于乾性，自乾破爲離，離爲性根，中有真陰，得南方火炁，砂之象也。 學人欲了命宗，必須以性爲主。 故曰：「金以砂爲主。」而此離中砂性，得火則飛，未易降伏，仍賴北方水中之金以制之。 學人欲了性宗，又必須以命爲基。 故曰：「禀和于水銀。」

要知砂與水銀，原是一體，同出而異名者也。 其初原從一體變化而成兩物，其究還須從兩物變化而歸一體。 只此真陰真陽，同類交感，相因爲用而已。 故曰：「變化由其真，終始自相因。」變化之法，不過流戊就己、顛倒主賓，使後天坎離還復先天乾坤耳。張紫陽云「陰陽得類方交感，二八相當自合親」，此之謂也。

欲作伏食仙，宜以同類者。植禾當以穀，覆雞用其卵。以類輔自然，物成易陶冶。魚目豈爲珠，蓬蒿不成檟。類同者相從，事乖不成寶。燕雀不生鳳，狐兎不乳馬。水流不炎上，火動不潤下。

此節旁證同類之義也。

伏食之法，只取砂與水銀二物變化成丹。金以制砂，其義爲伏；吞入五内，其義爲食。非伏食無由作仙，非同類之物無由取以伏食。故曰：「欲作伏食仙，宜以同類者。」此二句爲通章要領。以下旁引曲喻，總是發明「同類」二字。

世間一切有情無情之物，莫不各有其類。若同類相從，有如植禾之必以穀、覆雞之必用卵，其氣自然相輔，庶幾物得化生，而易于陶冶矣；若非類强合，則如魚目之不可爲珠、蓬蒿之不得成檟、燕雀之決不生鳳、狐兎之決不産馬，其性迥然各別，必至事情乖違，而難以成寶矣。何況水本流濕，其潤下之性也，一流即不能强之使上；火本就燥，其炎上之性也，一動即不能强之使下。此一坎一離，所以各從其類，砂與水銀之所以變化而成丹也，即伏食之義也。

世間多學士，高妙負良材。邂逅不遭遇，耗火亡資財。據按依文説，妄以意爲之。端緒無因緣，度量失操持。擣治羌石膽，雲母及礬磁。硫黄燒豫章，泥汞相鍊飛。鼓鑄五石銅，以之爲輔樞。襍性不同類，安肯合體居。千舉必萬敗，欲黠反成癡。稚年至白首，中道生狐疑。背道守迷路，出正入邪蹊。管窺不廣見，難以揆方來。僥倖訖不遇，聖人獨知之。

此節耑破鑪火之謬，言一切有形有質者，皆非同類之真也。

欲鍊還丹，必須採取藥物，一性一命，本先天無形之妙，喻爲鉛汞，迥非凡砂水銀；欲鍊還丹，必是安鑪立鼎，藥物入鑪，用先天真火煅煉，喻爲鑪火，迥非燒茅弄火；還丹工用，全資火候，始而烹鍊，既而温養，終而變化，一粒圓成，脱胎入口，喻爲伏食，迥非服餌金石。然而金丹大道，萬劫一傳，兼且世人福薄，難逢真師，往往多流于僞術。有等狂夫，自負高材博學，不求真師指授，妄認己意，傳會丹經，遂以凡藥爲鉛汞，以燒煉爲鑪火，以服餌爲伏食，既不識端緒，又不知度量，于是廣求五金八石，襍用三黄四神，既非本來同類之物，安肯合體成丹？是猶認魚目以爲珠、望狐兎以生馬也。此等僞術，勢必萬舉萬敗，白首無成，小則耗損資財，大則喪身失命，似黠而實癡，當疑而反信，此爲守迷背道，出正入邪。不肯自己認錯，轉將錯路指人，遂以管窺蠡測之見，著書立言，貽誤方來，塞却後來途徑，瞎却後人眼目，以至人法眼觀之，無半點是處。此輩尚不覺悟，方且欲僥倖于萬一，豈不謬哉？

首章指出兩弦真氣，次章獨揭先天金性，三章纔說三性會合，直到還丹入口，位證真人，伏食之旨已無餘蘊矣。但世人惑于旁門燒煉之術，往往假託伏食，而實非同類之真，故此章重言以破其迷。呂公警世詩云：「不思還丹本無質，翻餌金石何太愚。」引而不發，其即仙翁破迷之意乎？

祖述三聖章第十三

若夫三聖，不過伏羲。始畫八卦，傚法天地。文王帝之宗，結體演爻辭。夫子庶聖雄，十翼以輔之。三君天所挺，迭興更御時。優劣有步驟，功德不相殊。制作有所踵，推度審分銖。有形易忖量，無兆難慮謀。作事令可法，爲世定此書。素無前識資，因師覺悟之。皓若褰帷帳，瞋目登高臺。火記六百篇，所趣等不殊。文字鄭重說，世人不熟思。尋度其源流，幽明本共居。

竊爲賢者談，曷敢輕爲書。若遂結舌瘖，絕道獲罪誅。寫情著竹帛，又恐泄天符。猶豫增歎息，俛仰綴斯愚。陶冶有法度，安能悉陳敷。略述其綱紀，枝條見扶疏。

此章言祖述三聖之易以闡明大道也。

若夫三聖，不過伏羲。始畫八卦，傚法天地。文王帝之宗，結體演爻辭。夫子庶聖雄，十翼以輔之。三君天所挺，迭興更御時。優劣有步驟，功德不相殊。制作有所踵，推度審分銖。有形易忖量，無兆難慮謀。作事令可法，爲世定此書。

此節言三聖作易，爲大道之淵源也。

道體同于太虛，本無名象，邃古以前，混混沌沌，忘乎道，無非道也。自聖人作易，方纔鑿破混沌，一切天機乃盡泄矣。易之爲書，畫卦始于伏羲，繫辭演于文王，十翼成于孔子，更三聖而易道始備。羲皇爲開天之聖，宇宙在手，萬化生心，當時仰觀俯察，窮取造化根源，天不愛道，于是河出圖，洛出書，爲之印證。從此灼見造化根源，只一太極。太極之精蘊，不出河圖、洛書。河、洛之中五，即太極也，由此分出一陰一陽，而爲兩儀，由兩儀而生四象，由四象而生八卦。八卦既畫，其序則乾一、兌

二、離三、震四、巽五、坎六、艮七、坤八。乾以原始，坤以要終，兩頭包括陰陽；震爲天根，巽爲月窟，一中分出造化。其位則乾南、坤北、離東、坎西、兑東南、艮西北、巽西南、震東北。陰陽之純且中者，居四正；雜且偏者，居四隅。天位乎上，地位乎下，乾坤定子午之位；日生于東，月生于西，坎離列卯酉之門。以至山鎮西北、澤注東南、風起西南、雷動東北，悉合造化自然法象。重之，爲六十四卦。其序、其位，大畧相同。蓋卦未畫時，易在天地；卦既畫時，天地在易：是謂「傚法天地」。此先天之羲易也。

先天之易，但立其體，未究其用。厥後連山首艮，歸藏首坤，夏商之易，雖各有其用，而精義未彰。至商周之際，文王蒙難羑里，身經憂患，大用現前，乃翻轉羲皇局面，顛倒乾坤，化機其位。則離火自東而南代乾之位，乾之大用在離，向明之象也；坎水自西而北代坤之位，坤之大用在坎，藏用之地也；震木本在東北，進而居東以代離，木與火爲侶也；兑金本在東南，退而居西以代坎，金與水爲朋也；退乾父于西北，實居坎水之前，取乾知大始之義；置坤母與于西南，實居離火之後，取坤作成物之義；艮來東北，處先天震位，長男返爲少男，陽以進極而退也；巽往東南，處先天兑位，少女轉爲長女，陰以退極而進也。陰陽之少而交者，居四正；老而不交者，居四隅：義取交易爲用。其八卦之序，則自帝出乎震，以至成言乎艮，循環無端，終始萬物，義取變易爲用。其六十四卦之序，則始于乾坤，中于坎離，終于既濟、未濟，義取反對爲用。位置既易，因象繫辭。係在卦下者，謂之彖辭，如「元亨利貞」之類；係在逐爻者，謂之爻辭，如「潛龍勿用」之類。象辭占變，粲然大備，是謂「結體演爻辭」。此則後天之周易也。

孔子生諸聖之後，晚而好易，韋編三絕，其義益精，作十傳，以羽翼聖，謂之「十翼」。彖、象、文言，專發文王後天之辭；繫辭、說卦，兼明伏羲先天之象；序卦、雜卦，旁通流行之妙、反對之機。大約盡性至命之微言，窮神知化之奧義，無不悉備其中。是謂「十翼以輔之」。使人從後天以返先天，而易道集其大成矣。

三聖皆天挺之資，迭興間出，倡明大道，作述雖分先後，功德實無優劣。伏羲之易，取諸造化；文王之易，取諸伏羲；孔子之易，兼取諸羲文。或作或述，同出一源，其間分數銖兩，毫髮不差。

無兆者，形而上之道，太極是也；有形者，形而下之器，卦爻象數是也。形上之道，難以揣摹；形下之器，易爲忖度。所以畫卦、繫辭、作翼，而一陰一陽之道遂冒乎其中。三聖定爲此易書，正欲萬世學道之士則而象之耳。

素無前識資，因師覺悟之。皓若褰帷帳，瞋目登高臺。火記六百篇，所趣等不殊。文字鄭重說，世人不熟思。尋度其源流，幽明本共居。竊爲賢者談，曷敢輕爲書。若遂結舌瘖，絕道獲罪誅。寫情著竹帛，又恐泄天符。猶豫增歎息，俛仰綴斯愚。陶冶有法度，安能悉陳敷。畧述其綱紀，枝條見扶疏。

此節言準易以作參同契，直敘其源流也。

魏公自言大道非真師不傳，天縱如三聖，制作且有所踵，況我素無先知之資，豈能坐進大道？幸遇真師先覺，而始得開悟耳。因師覺悟之後，夙障盡空，疑團冰解，雙目洞明，有若褰帷帳而登高臺，豈不快哉！

易有六十四卦，除去乾坤坎離四卦，應鑪鼎藥物，其餘一日兩卦，朝屯暮蒙，一月三十日，準六十卦，十月三百日，便準六百卦。究竟簇年歸月，簇月歸日，簇日歸時，火候工夫，只在一刻。文雖鄭重，旨趣不殊，非果有六百篇火記也。奈世人不能好學深思，究其源流之所在。倘能究之，只此一坎一離，月幽日明，同類共居，日月爲易，通乎晝夜，便是無上至真妙道。

我今因師覺悟，灼見道在目前，只可與一二賢者共談，不敢輕易筆之于書也。然遂閉口結舌，誠恐逆天道而獲譴；若盡情著之竹帛，又恐泄天寶而罹愆。進退兩難，猶豫俛仰，只得假大易有象之文，寓大丹無形之用，費盡陶冶，約畧敷陳。鼎器藥物，粗述綱紀；採取烹鍊，微露枝條。冀後學之得意而忘言耳。蓋書不盡言，言不盡意。仙翁參同一書，實與三聖作易盡性至命、窮神知化之宗旨若合符節。世之有緣遇師者，得此一印證而了然矣。

還丹法象章第十四

以金爲隄防，水入乃優游。金數十有五，水數亦如之。臨鑪定銖兩，五分水有餘。二者以爲真，金重如本初。其土遂不離，二者與之俱。三物相含受，變化狀若神。下有太陽炁，伏蒸須臾間。先液而後凝，號曰黃輿焉。歲月將欲訖，毀性傷壽年。形體爲灰土，狀若明窗塵。擣治并合之，持入赤色門。固塞其際會，務令致完堅。炎火張于下，龍虎聲正勤。始文使可修，終竟武乃成。候視加謹密，審察調寒温。周旋十二節，節盡更須親。氣索命將絕，體死亡魄魂。色轉更爲紫，赫然稱還丹。粉提以

一九，刀圭最爲神。

此章全舉還丹法象，以爲入室之準則也。

以金爲隄防，水入乃優游。金數十有五，水數亦如之。臨鑪定銖兩，五分水有餘。二者以爲真，金重如本初。其土遂不離，二者與之俱。

此節言金水二炁爲金丹之真種也。

蓋還丹妙用，徹始徹終，只此金水二物，建之即爲鑪鼎，採之即爲藥物，烹之即爲火候，乃至抽添運用、脱胎神化，無不在此。然學道之士，當知所先後，未有隄防不立而得金水之用者也。坎中之金，本伏處而在內，然內者不可不出。金丹作用，必須先立隄防，牢鎮六門，元氣方不外泄。離中之水，易泛濫而在外，然外者不可不入。況隄防既立，不許泛濫，真精無復走漏，自然優游入鑪。故曰：「以金爲隄防，水入乃優游。」

金水兩物之中，本藏戊己二土。土之生數得五，成數得十。坎中之金納戊，是得其十數之五也；離中之水納己，是亦得其十數之五也。二土合而成圭，兩弦之炁，恰好圓足。故曰：「金數十有五，水數亦如之。」

隄防既立，方及臨鑪之用。臨鑪配合，仍舊是金水二物。但銖兩分數，纖毫不可差錯。真水真金二者，須要適均，不可太過，亦不可不及。故水止于五分，當防其有餘而泛濫，不可太過也； 金亦須五分，當重如原初之銖兩，不可不及也。金水二者，既得其真，自有真土調和其間。蓋離中納己，其五分之水，即己土也；坎中納戊，其五分之金，即戊土也。舉金水二物，而真土在其中矣。及至戊己二土會入中央，亦適得五分本數。三家相會，恰圓三五之數。故曰：「其土遂不離，二者與之俱。」

三五之義，出于河圖。東三南二，木火爲侶；北一西四，金水爲朋。此處但舉金水，而不及木火者，蓋以金水爲精魄，如人之形，木火爲神魂，如人之影，形動則影隨，寸步不離，木火之于金水亦然。精魄既合同而化，神魂亦與之俱妙矣。此金丹造化之妙也。

三物相含受，變化狀若神。下有太陽炁，伏蒸須臾間。先液而後凝，號曰黃輿焉。歲月將欲訖，毀性傷壽年。形體爲灰土，狀若明窗塵。

此節言坎離交會，金丹之法象也。

金水兩弦之炁，得真土以含育之，是爲三物一家。其中自生變化之狀，而神明不測矣。蓋前後隄防既已完固，不容絲毫走漏，鑪中真炁自然發生。然後抽坎中之陽，填離中之陰，北海中太陽真火薰蒸上騰，須臾之間，離宮真水應之。先時化爲白液，後乃凝而至堅。兩者交會于黄房，運旋不停，有黄輿之象，所謂「嬰兒奼女齊齊出，却被黄婆引入室」也。然此兩物未交之前，當以真意合之；兩物既交之後，又當以真意守之，一點陽炁，歛入厚土中，生機轉爲殺機。譬若窮冬之際，萬物剝落而歸根。故曰：「歲月將欲訖，毀性傷壽年。」初時神入炁中，寂然不動，似乎槁木死灰，久之生機復轉，一點真炁，希微隱約，滃然上升，有如野馬、塵埃之狀。故曰：「形體爲灰土，狀若明窗塵。」此爲坎離始媾，大藥將産之法象。

擣治并合之，持入赤色門。固塞其際會，務令致完堅。炎火張于下，龍虎聲正勤。始文使可修，終竟武乃成。候視加謹密，審察調寒温。周旋十二節，節盡更須親。氣索命將絕，體死亡魄魂。色轉更爲紫，赫然稱還丹。粉提以一丸，刀圭最爲神。

此節言乾坤交媾，還丹之法象也。

坎離既交會于黄房，搏鍊兩物，并合爲一，養在坤鑪之中，時節一到，大藥便産，所謂「水鄉鉛，只一味」是也。大藥既產，即忙採取，當以真意爲媒，迴風混合，徐徐從坤鑪升入乾鼎，方得凝而成丹。故曰：「擣治并合之，持入赤色門。」此二句，有吸舐撮閉無數作用在內。赤色門，即絳宮乾鼎是也。

藥既升鼎，漸凝漸結，又徐徐從乾鼎引下，送歸黃庭。此時當用固濟之法，深之又深，密之又密，直到虛極靜篤，一點真陽之炁方不泄漏。故曰：「固塞其際會，務令致完堅。」

固塞之極，一陽動于九地之下，形如烈火，斬關而出。正子時一到，亟當發真火以應之，霎時乾坤闔闢，龍虎交爭，便有龍吟虎嘯之聲。故曰：「炎火張于下，龍虎聲正勤。」

大藥初生，用文火以含育之，方得升騰而出鑪；大藥既生，用武火以煅煉之，方得結實而歸鼎。故曰：「始文使可修，終竟武乃成。」

此中火候，不可毫髮差殊。當用文而失之于猛，則火太炎矣；當用武而失之于弱，則火太冷矣。必相其寬猛之宜，調其寒温之節，方能得中。故曰：「候視加謹密，審察調寒温。」

子時從尾閭起火，應復卦，一陽初動，是爲天根，直至六陽純乎乾，動極而復靜矣；午時從泥丸退火，應姤卦，一陰初靜，是爲月窟，直至六陰純乎坤，靜極而復動矣。故曰：「周旋十二節，節盡更須親。」此乾坤大交之法象也。動靜相生，循環不息，鍊之又鍊，日逐抽鉛添汞，久之鉛盡汞乾，陰消陽長，方得變種性爲真性，化識神爲元神。陰滓盡除，則尸氣滅而命根卒斷；陽神成象，則凡體死而魂魄俱空。故曰：「氣索命將絕，體死亡魄魂。」關尹子所謂「一息不存，道將來契」，正此時也。

至于伏鍊久久，絕後再甦，心死神活，而鼎中之丹圓滿，光明塞乎太虛矣，豈非「色轉更爲紫，赫然稱還丹」乎？金丹本乾家所出，還歸于乾，故稱還丹。色轉紫者，取水火二炁煅煉而成也。

還丹有氣無質，不啻如一丸之粉、一匕之刀圭，而其變化若神已如此。從此脫胎換鼎，再造乾坤，子又生孫，神化不測。過此以往，未之或知矣。豈非「粉提以一丸，刀圭最爲神」乎？刀者，水中金也；圭者，戊己二土也。可見，徹始徹終，只取金、水、土，三物變化，而成還丹耳。崔公入藥鏡云「飲刀圭，窺天巧」，呂祖沁園春云「當時自飲刀圭，又誰信無中產就兒」，其旨畧同。

此章全露還丹法象，係「伏食」卷中大關鍵處。初言兩物相交，則伏炁于坤鑪而產藥；繼言一陽初動，則凝神于乾鼎而成丹。前兩節總是金丹作用，後一節方是還丹作用。入藥鏡云「產在坤，種在乾」，悟真篇云「依他坤位生成體，種在乾家交感宮」，皆本諸此章。

還丹名義章第十五

推演五行數，較約而不繁。舉水以激火，奄然滅光明。日月相薄蝕，常在晦朔間。水盛坎侵陽，火衰離晝昏。陰陽相飲食，交感道自然。名者以定情，字者緣性言。金來歸性初，乃得稱還丹。吾不敢虛說，倣傚聖人文。古記顯龍虎，黃帝美金華。淮南鍊秋石，玉陽加黃芽。賢者能持行，不肖毋與俱。古今道由一，對談吐所謀。學者加勉力，留念深思維。至要言甚露，昭昭不我欺。

此章結言還丹名義，不外水火之性情也。

推演五行數，較約而不繁。舉水以激火，奄然滅光明。日月相薄蝕，常在晦朔間。水盛坎侵陽，火衰離晝昏。陰陽相飲食，交感道自然。

此節言水火交感，雖變而不失其常也。

蓋丹道之要，不外一水一火。水火本出一原，後分兩物。乾中一陽，走入坤宮成坎，坎中有太陽真火；坤中一陰，轉入乾宮成離，離中有太陰真水。水火二炁，互藏其根，化化不窮，五行全具其中。蓋水能生木，木能生火，火能生土，土能生金，金轉生水，左旋一周而相生，便是河圖順數；火能尅金，金能尅木，木能尅土，土能尅水，水轉尅火，右旋一周而相尅，便是洛書逆數。一順一逆，一生一尅，而五行之千變萬化，總不出其範圍。故曰：「推演五行數，較約而不煩。」

天一生水，水本真陽，落在北方太陰之中，所以水反屬陰；地二生火，火本真陰，升在南方太陽之位，所以火反屬陽。陰盛便來侵陽，水盛便能滅火。蓋先天無形之水火，主相濟爲用，後天有形之水火，便主相激爲仇。故曰：「舉水以激火，奄然滅光明。」

天上之日月，即是世間之水火。日屬太陽火精，其光無盈無虧；月屬太陰水精，借太陽以爲光。晦朔之交，日與月并會于黃道，謂之合朔。然但同經而不同緯，故雖合朔而日不食。若同經而又同緯，月不避日陽光，便爲陰魄所掩。所以太陽薄蝕，長在朔日。故曰：「日月相薄蝕，常在晦朔間。」

人身與造化若合符節，世人但知坎水爲月，不知離中一點真水，正是月精；但知離火爲日，不知坎中一點真火，正是日光。晦朔之交，日月合璧，水火互藏，一點太陽真火，沉在北海極底，邵子所謂「日入地中，媾精之象」也。在丹道爲坎離會合，一陽初動之時。此時當温養潛龍，勿可輕用。直到陽光透出地上，方纔大明中天。若真陽不能作主，陷在陰中，無由出鑪，即是北方寒水過盛，浸滅太陽之象。真火既爲寒水所浸，日光便受重陰掩抑，正當中天陽盛之時，奄奄衰弱，昏然而無光矣。故曰：「水盛坎侵陽，火衰離晝昏。」

坎居北方，幽闕之中，正子位上，月當朔之象也；離居南方，向明之地，正午位上，日當晝之象也。水火均平，方得交濟爲用。一或偏勝，便致薄蝕爲災。日月之相薄蝕，即「舉水以激火，奄然滅光明」之義也。當與中篇「晦朔薄蝕，掩冒相傾」參看。雖然，此特言其變耳。若水不過盛，火不過衰，日以施德，月以舒光，水火自然之性情，即陰陽交感之常道，薄蝕災變，何自而生？故曰：「陰陽相飲食，交感道自然。」日月反其常道，故云「薄蝕」；陰陽循其自然，故云「飲食」。蓋以造化日月之合，有常有變，喻身中坎離之交，有得有失，不可不慎密也。

名者以定情，字者緣性言。金來歸性初，乃得稱還丹。

此節言金返歸性，乃還丹之了義也。

離中元精，本太陰真水，又稱木液；坎中元炁，本太陽真火，又稱金精。丹道以水火爲體，金木爲用，關尹子曰「金木者，水火之交」是也。金木雖分兩物，究其根源，只一金性。金性本出先天之乾，未生以前，純粹以精，萬劫不壞。只因有生以後，混沌一破，走入坤宮，是爲坎中金精，乾家之性，轉而稱情。乾之一陽，既變爲坎，其中換入坤之一陰，是爲離中木液，坤家之情，轉而稱性。蓋木主寧靜，字之曰「性」，所謂「人生而靜，天之性」也；金主流動，名之曰「情」，所謂「感于物而動，性之欲」也。兩者同出異名，譬如只此一个人，既有名，復有字，名字雖分兩樣，性情原是一人。故曰：「名者以定情，字者緣性言。」其初，乾中之金，變而成坎，便是性轉爲情，一轉則無所不轉，輪迴顛倒，只在目前，所謂「順去生人生物」也；今者，仍取坎中真金，還而歸乾，便是情返爲性，一返則無所不返，堅固圓常，頓超無漏，所謂「逆來成聖成仙」也。學道之士，若能于感而遂通之後，弗失其寂然不動之初，而丹乃可還矣。故曰：「金來歸性初，乃得稱還丹。」此兩句，不特爲一部參同契關鍵，且能貫穿萬典千經。楞嚴經云「如金鑛襍于金精，其金一純，更不成襍」，圓覺經云「如銷金鑛，金非銷有。

既已成金，不重爲鑛。經無窮時，金性不壞」，是此義也。呂純陽云「金爲浮來方見性，木因沉後始知心」，張紫陽云「金鼎欲留朱裏汞，玉池先下水中銀」，亦此義也。可見三藏梵典，只發揮得「金性」二字；萬卷丹經，只證明得「還丹」二字。且更兼質之羲易，若合符節，可以豁然矣。

還丹法象，已備見上章，此特結言其名義耳。

吾不敢虛說，倣傚聖人文。古記顯龍虎，黃帝美金華。淮南鍊秋石，玉陽加黃芽。賢者能持行，不肖毋與俱。古今道由一，對談吐所謀。學者加勉力，留念深思維。至要言甚露，昭昭不我欺。

此節言還丹宗旨實祖述從上先聖也。

自開闢以來，只有此一點金性。得此以自度，超凡入聖，固是這个；得此以度世，著書立言，也是這个。所謂千百世之上，千百世之下，有聖人出焉，此心此理，無不同也，逈非一切虛詞曲說可得而擬。故曰：「吾不敢虛說，倣傚聖人文。」

本來金性，無名無字，古聖因覺悟末學，强爲安名立字，種種不一。還丹之道，取龍虎兩弦之炁相配而成。古丹經中，顯出龍虎兩物。故曰：「古記顯龍虎。」不特此也，昔黃帝鍊成還丹，美其名曰「金華」；淮南丹成，又名「秋石」；玉陽丹成，又名「黃芽」。龍虎，象一金一木；金華，象水中之金；秋石，色本黑而轉白，亦象水中之金；黃芽，象土中之金。究竟名字雖殊，性情則一，所謂「較約而不煩」者也。即如篇中，言龍虎，言金華，言黃芽，不一而足。或喻兩物，或喻真種，要皆本黃帝以來之遺文，豈故爲虛詞曲說以誤後學哉？

然此事只可與賢者行持，斷斷不可與不肖者同事。何以故？賢者性慧而能通，得真師一言開悟，便知專求先天金炁，鍊成還丹，不受羣惑。不肖者，性鈍而易惑：聞說龍虎，便疑是鑪火外道；聞說金華、黃芽，便猜做五金八石；聞說秋石，便思鍊食溲溺。錯認先聖大道，流入旁門。此輩詎可與共事哉？豈知一切異名，總不出先天金性，只此一事實，餘二即非真。先聖先賢，得心應手之後，著書立說，雖各出手眼，然到宗旨合同處，恍如對面而談，無不吐露，至切至要，更無一字自欺欺人。學者倘能參禮真師，研窮元奥，勉力而深思之，悉與此書印證，毫髮不差，方知還丹大道，只在目前。仙翁真不我欺也，何不直下承當，而轉轉賺誤乎？

此係上篇「伏食」末章，專爲「還丹」二字結尾，故魏公自發其作書之原委，特丁寧之。

抑有疑焉，魏公既言參同一書祖述三聖之易而作矣，此處傚傚聖人，又别指黃帝以下，一可疑也。世俗相沿，又云魏公不知師授誰氏，得古文龍虎經，倣之作參同契，二可疑也。愚常竊取近代所傳龍虎經反覆玩之，不特義蘊淺薄，視參同有霄壤之別，即其章章相傚，句句相摹，聲口逼肖，蹈襲之蹊徑顯然。蓋世間好事者，見此章有「古記顯龍虎」句，求其說而不得，遂造作僞書，以欺世而惑眾耳。後來彭曉、王道輩，讀書無眼，甘爲所欺，反以此書爲依傍龍虎經而作，豈不誤哉？自王、彭作俑以來，近代鑪火家，無不奉龍虎經爲指南，并將此書牽入鑪火，牢不可破，遂使金丹大道，流爲旁門燒煉之術，良可悲也。然則「倣傚聖人」句，究竟何居？曰：此聖人，泛指黃帝以來，諸祖倣傚者，言金華、黃芽諸異名所自出也，非耑指龍虎經也。若專指龍虎經，則金華、黃芽等，又出何經耶？即使果有龍虎經，必係上古之文，在魏公時尚彷彿相傳，今則久已亡矣，決非近代所傳之僞龍虎經也。然則「倣傚聖人」「祖述三聖」兩說，究竟何居？曰：兩者各不相悖。篇中龍虎、金華諸異名，相沿于黃帝以來所傳之文，而藥物、鑪鼎、火候三種法象，則斷斷出乎三聖之易，不可誣也。此御政、伏食之所以相爲表裏也。其參考丹經，則中篇結尾「維昔聖賢，伏鍊九鼎」等句，印證甚明；其原本周易，則下篇結尾「歌敘大易，三聖遺言」等句，印證尤明。後兩篇結尾，實與此章首尾相應。彼兩章內，并不提龍虎經一字，可見此處倣傚聖人，其爲泛指之辭無疑矣。非愚輒敢爲臆說，皆據仙翁所自道也。此係千古一大疑案，管窺之見，聊爲指破，知我罪我，其何敢辭？

「伏食」諸章，尤奧于前兩卷，得此闡發，不啻皎日之中天矣。至如龍虎經一案，以僞雜真，千數百年來，無人敢開口，并爲道破，快絕快絕！

中篇上卷

御政，計四章，此乃中之上也。

上篇十五章，分「御政」、「養性」、「伏食」三卷，應藥物、鑪鼎、火候三要，金丹大道，已無餘蘊。然但舉其體統該括處，尚有細微作用，未及悉究，恐學者不察，流入差別門庭。故此篇仍分三卷，將差別處，逐段剖析，與上篇處處表裏相應。近代諸家，有分上篇爲經、此篇爲註者，又有分四言爲經、五言爲註者。不知徹首徹尾，貫通三篇，始成一部參同契。千載之下，孰從定其爲經爲註，而徒破碎章句乎？倶係臆說，概所不取。

此卷專言御政，而養性、伏食已寓其中。義同上篇。

四象環中章第十六

乾剛坤柔，配合相包。陽稟陰受，雌雄相須。須以造化，精炁乃舒。坎離冠首，光曜垂敷。玄冥難測，不可畫圖。聖人揆度，參序元基。四者混沌，徑入虛無。六十卦周，張布爲輿。龍馬就駕，明君御時。和則隨從，路平不邪。邪道險阻，傾危國家。

此章言乾坤坎離自相造化，明先天環中之妙也。

乾剛坤柔，配合相包。陽禀陰受，雌雄相須。須以造化，精炁乃舒。

此節言乾坤爲坎離之體也。

蓋乾坤者，易之門户，實坎離之所自出。乾元爲天地之始，坤元爲萬物之母。乾動而直，其體本剛，故資始而有父道；坤靜而翕，其體本柔，故資生而有母道。兩者自相配合，包含萬化。故曰：「乾剛坤柔，配合相包。」

父主秉與，能知大始，所謂「雄陽播元施」也；母主含受，能作成物，所謂「雌陰化黄包」也。故曰：「陽禀陰受，雌雄相須。」

兩者相須，始成造化。造者，自無而之有；化者，自有而之無。自無而之有，則真空形爲妙有，乾中藏坤；自有而之無，則妙有返爲真空，坤中藏乾。乾中藏坤，是爲太乙元精；坤中藏乾，是爲元始祖炁。主賓顛倒，造化之妙見矣。故曰：「須以造化，精炁乃舒。」

此言乾坤交而生坎離藥物，即易所謂「天地絪緼，萬物化醇」也。

坎離冠首，光曜垂敷。玄冥難測，不可畫圖。聖人揆度，參序元基。四者混沌，徑入虛無。

此節言坎離爲乾坤之用也。

乾坤一媾，中間便成坎離。離爲至陰之精，坎乃至陽之炁，杳冥恍惚，雖後天地而用，實先天地而生。造化得之，而爲日魂月魄，光明普照，能生萬物；吾身得之，而爲日精月華，光明撮聚，能產大藥。豈非「坎離冠首，光曜垂敷」乎？夫此元精元炁，恍惚杳冥之物，非有非無，可用而不可見，尚且難于測識，豈能傳之畫圖？全賴作易之聖，多方揆度，象以乾父坤母、坎男離女。故篇中得以配之，爲鑪鼎藥物，無非參序元化之基，使內觀者知有下手處耳。學道之士，倘能法乾坤以立鑪鼎，攢坎離以會藥物，日精月光，兩者自然凝聚，盤旋于祖竅之中，混混沌沌，復返先天虛無一炁，大藥在其中矣。故曰：「四者混沌，徑入虛無。」

此言坎離交而歸乾坤祖竅，即易所謂「男女媾精，萬物化生」也。

六十卦周，張布爲輿。龍馬就駕，明君御時。和則隨從，路平不邪。邪道險阻，傾

危國家。

此節言火候之節度也。除却乾坤坎離四卦，應鑪鼎、藥物，餘六十卦，循環布列，配乎周天。在一日爲子午卯酉，在一月爲晦朔弦望，在一年爲春夏秋冬，周流反覆，循環不息，有「張布爲輿」之象。

既有輿，不可無馬以駕之。何謂龍馬？龍以御天，主于飛騰；馬以行地，主于調服。作丹之時，神炁相守，不敢飛騰，御天之乾龍化爲行地之坤馬，步步循規蹈矩，有若人君統御臣下，立綱陳紀，一毫不敢懈弛。故曰：「龍馬就駕，明君御時。」

夫御車之法，與御政大段相同，須得六轡在手，調和合節，輿從馬，馬隨人，穩步康莊大路，宜端平而不宜欹斜。若一欹斜，則險阻在前，覆轍立至。亦猶御政者之失其常道，危及國家矣。

丹道以身爲輿，以意爲馬。御之者，心君也。當採取交媾之時，仗心君之主持，防意馬之顛劣，稍一不謹，未免毀性傷丹，可不戒哉？總是一介主宰，在車則爲御者，在政則爲明君，在天則爲斗柄，在丹道則爲天心，皆言把柄在手也。上篇「御政」

章中「要道魁柄」等句，即是此意。

此章大指，正與上篇首章相應。「乾剛坤柔」一段，即「乾坤」「門户」之說也；「坎離冠首」一段，即「坎離匡廓」之說也；「六十卦周」一段，即「運轂正軸」「處中制外」之說也。餘可類推，然亦彷彿其大畧而已。

動靜應時章第十七

君子居其室，出其言善，則千里之外應之。謂萬乘之主，處九重之室。發號出令，順陰陽節。藏器俟時，勿違卦月。屯以子申，蒙用寅戌。餘六十卦，各自有日。聊陳兩象，未能究悉。立義設刑，當仁施德。逆之者凶，順之者吉。按歴法令，至誠專密。謹候日辰，審察消息。纖芥不正，悔吝爲賊。二至改度，乖錯委曲。隆冬大暑，盛夏霜雪。二分縱横，不應刻漏。水旱相伐，風雨不節。蝗蟲湧沸，羣異旁出。天見其怪，山崩地裂。孝子用心，感動皇極。近出己口，遠流殊域。或以招禍，或以致福，或興太平，或造兵革。四者之來，由乎胸臆。動靜有常，奉其繩墨。四時順宜，與炁相得。剛柔斷矣，不相涉入。五行守界，不妄盈縮。易行周流，屈伸反覆。

此章言火候之一動一靜不可失其時節也。

君子居其室，出其言善，則千里之外應之。謂萬乘之主，處九重之室。發號出令，順陰陽節。藏器俟時，勿違卦月。屯以子申，蒙用寅戌。餘六十卦，各自有日。聊陳兩象，未能究悉。立義設刑，當仁施德。逆之者凶，順之者吉。

此節言動靜不失其時，爲火候之準則也。

蓋作丹之要，全在周天火候。火候之要，全在一動一靜。上章言「六十卦周，張布爲輿」，已見火候之節度，與人君御政同一樞機矣。樞機之發，纖毫不可苟且，故復譬之以居室。「君子居其室，出其言善，則千里之外應之」，此易大傳原文也。魏公因而詮釋之。

謂萬乘之主，即本來天君；九重之室，即中宮神室。天君既處密室之中，靜則寂然不動，洗心退藏；動則感而遂通，發號出令。無非順一陰一陽之節，觀天道而執天行耳。

當其陽極陰生，是爲月窟，其卦屬姤，其月在午；及其陰極陽生，是爲天根，其卦屬復，其月在子。時不可先，則當靜以待之；時不可失，則當動以迎之。故曰：「藏器俟時，勿違卦月。」

靜極而動，萬化萌生，屯之象也。屯卦內體納子，外體納申。水生在申，取萌生之義。故曰：「屯以子申。」即上篇所謂「春夏據內體，從子到辰巳」也。動極而靜，萬化斂藏，蒙之象也。蒙卦內體納寅，外體納戌。火庫在戌，取斂藏之義。故曰：「蒙用寅戌。」即上篇所謂「秋冬當外用，自午訖戌亥」也。

兩卦反覆，一晝一夜，便分冬夏二至。其餘六十卦，各有晝夜反對，在人引而伸之耳。故曰：「聊陳兩象，未能究悉。」

二至既定，中分兩弦。上弦用春分，本屬卯木，然德中有刑，反爲肅殺之義，故曰「立義設刑」；下弦應秋分，本屬酉金，然刑中有德，反爲溫和之仁，故曰「當仁施德」。即上篇所謂「賞罰應春秋」，當沐浴之時也。

夫子午之一寒一暑，卯酉之一殺一生，陰陽大分，纖毫不可差錯。苟合其節，則外火內符，自然相應。如人主端拱九重，一出令，而千里之外皆應。否則，千里之外皆違矣。故曰：「逆之者凶，順之者吉。」

按歷法令，至誠專密。謹候日辰，審察消息。纖芥不正，悔吝爲賊。二至改度，乖錯委曲。隆冬大暑，盛夏霜雪。二分縱橫，不應刻漏。水旱相伐，風雨不節。蝗蟲湧沸，羣

異旁出。天見其怪，山崩地裂。孝子用心，感動皇極。近出己口，遠流殊域。或以招禍，或以致福，或興太平，或造兵革。四者之來，由乎胸臆。

此節正言火候之節度，逆則凶而順則吉也。

火候之一靜一動，如法令之不可違。學道者，但當按行而涉歷之。凡進退往來，于二至二分界限處，立心務要至誠，用意務要專密，謹候其升降之日辰，審察其寒溫之消息，入藥鏡所謂「但至誠，法自然」是也。若于法令稍違，僅僅纖芥不正，便悔吝交至，賊害丹鼎矣。何以徵之？假如冬至一陽初生，法當進火，然須養潛龍之萌，火不可過炎；夏至一陰初降，法當退火，然須防履霜之漸，火不可過冷。倘或乖戾委曲，改其常度，不當炎而過炎，則隆冬返爲大暑；不當冷而過冷，則盛夏返爲霜雪矣。至于春秋二分，陰陽各半，水火均平，到此便當沐浴，洗心滌慮，調燮中和，鼎中真炁，方得凝聚。若用意不專，縱橫四馳，便于漏刻不應，水若過盛則爲水災，火若過盛則爲旱災，而盲風怪雨，不中其節矣。不特此也，倘漏刻不應，小則螟蝗立起，玉鑪與金鼎沸騰；大則山川崩裂，金虎共木龍馳走。以上皆所謂「逆之者凶」也。皆因心君放馳，神室無主，遂感召災變若此。

修道之士，倘能回光內守，須臾不離方寸，若孝子之事父母，視無形而聽無聲，如此用心，自然感動皇極。皇極者，天中之真宰，即吾身天谷元神也。先天元神，寂然不動，本無去來向背，但後天一念纔動，吉凶禍福，旋即感通。譬孝子之事父母，形骸雖隔，方寸潛通，雖在千里之外，疴癢疾痛，無不相關，豈非「近出己口，遠流殊域」乎？此則漏刻皆應，災變不干，即所謂「順之者吉」也。可見，只是一感通之機。或逆之而召禍，或順之而致福，或端拱而獲太平之慶，或躁動而釀兵革之災。吉凶悔吝之端，豈不由居室者之胸臆耶？蓋逆則凶，順則吉，吉凶相對，悔吝介乎其中。雖然，吉一而已，凶、悔、吝居其三，可不慎乎？

動靜有常，奉其繩墨。四時順宜，與炁相得。剛柔斷矣，不相涉入。五行守界，不妄盈縮。易行周流，屈伸反覆。

此節結言動靜有一定之時，不可失其準也。

蓋丹道之動靜，與造化同。動極而靜，入于杳冥，則當虛己以待時；靜極而動，出于恍惚，則當用意以採取。若當靜而參之以動，或當動而參之以靜，即屬矯揉造作，失其常道矣。故曰：「動靜有常，奉其繩墨。」

既知動靜之常，時當二至，便該進火退符；時當二分，便該温養沐浴。各得其宜，方與四時之正氣相應。故曰：「四時順宜，與炁相得。」

剛屬武火，柔屬文火。身心未合之際，當用武火以鍛鍊之，不可稍涉于柔；神炁既調之時，當用文火以固濟之，不可稍涉于剛。故曰：「剛柔斷矣，不相涉入。」

金丹之要，全在和合四象、攢簇五行。四象環布，土德居中，東西南北，各有疆界，不可過，不可不及。故曰：「五行守界，不妄盈縮。」

有陰陽之炁，即有剛柔之質；有剛柔之質，即有動靜之時：此吾身中真易也。真易周流一身，屈伸反覆，無不合宜，即如人君一發號出令，而千里之外皆應者矣。

此章詳言火候節度，與上篇首章屯蒙、早晚、春秋、寒暑等句互相發明。上篇舉其大概，故有得而無失；此處詳其纖微，故得失并列，俾學道者知所法戒耳。

坎離交媾章第十八

晦朔之間，合符行中。混沌鴻濛，牝牡相從。滋液潤澤，施化流通。天地神明，不可度量。利用安身，隱形而藏。始于東北，箕斗之鄉。旋而右轉，嘔輪吐萌。潛潭見象，發散精光。昴畢之上，震出爲徵。陽炁造端，初九潛龍。陽以三立，陰以八通。三日震動，八日兑行。九二見龍，和平有明。三五德就，乾體乃成。九三夕惕，虧折神符。盛衰漸革，終還其初。巽繼其統，固濟操持。九四或躍，進退道危。艮主進止，不得踰時。二十三日，典守弦期。九五飛龍，天位加喜。六五坤承，結括終始。韞養衆子，世爲類母。上九亢龍，戰德于野。用九翩翩，爲道規矩。陽數已訖，訖則復起。推情合性，轉而相與。循環璇璣，升降上下。周流六爻，難以察覩。故無常位，爲易宗祖。

此章言坎離交而產藥，應一月之晦朔弦望，乃小周天之火候也。

晦朔之間，合符行中。混沌鴻濛，牝牡相從。滋液潤澤，施化流通。天地神明，不可度量。利用安身，隱形而藏。

此節言晦朔之交，日月會合，爲大藥之根本也。造化之妙，動靜相生，循環無端，然不翕聚則不能發散，不蟄藏則不能生育。故以元會計之，有貞而後有元；以一歲計之，有冬而後有春；以一日計之，有亥而後有子；以一月計之，必有晦而後有朔。此終則有始之象也。何以謂之晦朔？月本無光，受日魂以爲光，至三十之夕，光盡體伏，故謂之晦。此時日與月并行于黃道，日月合符，正在晦朔中間。吾身日精月光，一南一北，賴真意以追攝之，方交會于中黃神室，水火既濟，正在虛危中間，虛極靜篤，神明自生，即一刻中真晦朔也。故曰：「晦朔之間，合符行中。」

造化之日月，以魂魄相包；吾身之日月，以精光相感。當神歸炁穴之時，不覩不聞，無天無地，璇璣一時停輪，復返混沌，再入鴻濛。即此混混沌沌之中，真陰真陽自相配合。故曰：「混沌鴻濛，牝牡相從。」

元牝相交，中有真種，元炁絪緼，杳冥恍惚，正猶日魂施精，月魄受化，自然精炁潛通。故曰：「滋液潤澤，施化流通。」

方其日月合符之際，天氣降入地中，神風靜默，山海藏雲，一點神明包在混沌竅內，無可覓處，此即一念不起、鬼神莫知境界。故曰：「天地神明，不可度量。」

天入地中，陽包陰內，歸根復命，深藏若虛，不啻龍蛇之蟄九淵、珠玉之隱川澤。譚景升曰「得灝炁之門，所以歸其根；知元神之囊，所以韜其光」，此之謂也。故曰：「利用安身，隱形而藏。」

始于東北，箕斗之鄉。旋而右轉，嘔輪吐萌。潛潭見象，發散精光。昴畢之上，震出爲徵。陽炁造端，初九潛龍。

此節言艮之一陽反而爲震也。

人知月至晦日，乃失其明，不知實始于下弦。下弦爲艮，後天艮位居東北，于十二辰當丑寅之間，于二十八宿當箕斗之度。蓋天道左旋主順行，順起于子中；地炁右轉主逆行，逆起于丑寅之間。欲知天道主順，當以一歲次序觀之。一歲之序，自北而東，以訖于南，自南而西，以訖于北，從子到丑，從丑到寅，出乎震而成乎艮，後天順行之五行也。欲知地炁主逆，當以一月納甲徵之。納甲之運，子當右轉，却行以至于未申，自北轉西，自西轉南，是爲上弦之炁，其象爲得朋；午乃東旋，逆行以至于寅丑，自南轉東，自東轉北，是爲下弦之炁，其象爲喪朋。兩弦交會，正當晦朔中間，剝在艮而復在震，先天逆用之五行也。金丹之道，全用先天納甲，與天上太陰同體。太陰真水生于午，自十六一陰之巽，至廿三二陰之艮，陰來剝陽，僅存碩果，又自東轉北，正值丑寅之交，箕水斗木，二宿度上，旋入乙癸，艮之一陽盡喪，而爲坤。在吾身，爲神入炁中，萬化歸根，即所云「午乃東旋，東北喪朋」之象也。此時陰極陽生，太陽真火即生于子。蓋陽無剝盡之理，日月撢持，正在北方虛危之地，交會既畢，漸漸自北轉西，月魄到此，微露陽光，謂之「旋而右轉，嘔輪吐萌」。一點真火，隱然沉在北海中，謂之「潛潭見象，發散精光」。迨精光漸漸逼露，一日二日，以至三日，正值未申之交，昴日畢月二宿度上，庚方之上，昏見一鈎，如仰盂之狀，坤中一陽，纔出而爲震，在身中爲鉛鼎初温，藥苗新嫩，即所云「子當右轉，西南得朋」之象也。陽炁雖然發生，但造端託始，火力尚微，正應乾卦初九潛龍之象，到此只宜温養子珠，不得遽用猛火。

此節言日月合璧，產出金丹大藥，即係活子時作用。尹真人云「欲求大藥爲丹本，須認身中活子時」，正此義也。晦朔之間，坎離交而成乾，乾爲真金，故稱金丹。所以，金丹火候，專應乾卦六陽。

陽以三立，陰以八通。三日震動，八日兌行。九二見龍，和平有明。

此言二陽之進而爲兌也。

三爲少陽之位，屬震； 八爲少陰之數，屬兌。震卦陰中含陽，故曰「陽以三立」； 兌卦陽中帶陰，故曰「陰以八通」。

初三月出庚方，有震動之象； 初八上弦，月見丁方，有兌行之象； 月到上弦，鼎中金精始旺，龍德正中，故又爲「九二見龍，和平有明」之象。然震之一陽，纔動于二陰之下，兑之一陰，已行于二陽之上，德中有刑，生中帶殺，此沐浴之時也。

三五德就，乾體乃成。九三夕惕，虧折神符。盛衰漸革，終還其初。

此言三陽到乾，陽極而陰生也。

月至望日，三五之德始圓，乃成乾體。此時藥已升鼎，金精盛滿，光徹太虛，然盛極而衰，當防虧折，故有「九三夕惕」之象，正當終日乾乾之時。乾道漸漸變革，巽之一陰已來受符，陽之終即陰之初，此守城之時也。

巽繼其統，固濟操持。九四或躍，進退道危。

此言一陰之退而爲巽也。

乾體既純，陽火過盛，當繼之以陰符，全賴巽體一陰爲之固濟操持、收斂陽炁。此時乾四之「或躍」，已變爲坤四之「括囊」。蓋金丹火候，只取乾中三陽。三陽退處，便是三陰。進極而退，當防其道途之危，此慮險之時也。

艮主進止，不得踰時。二十三日，典守弦期。九五飛龍，天位加喜。

此言二陰之退而爲艮也。

一陽在上，碩果獨存，陽之向進者，到此截然而止。此時水火均平，鼎中陽炁，漸漸凝聚，漸漸歸藏，時不可踰，恰當二十三日典守下弦之期，乾五之「飛龍在天」，變爲坤五之「黃裳元吉」，刑中有德，殺中帶生，故有「天位加喜」之象。此亦沐浴之時也。

六五坤承，結括終始。韞養衆子，世爲類母。上九亢龍，戰德于野。

此言純陰返坤，陰極而陽生也。

「六五」二字，雖似專指坤卦第五爻，實則一月弦望晦朔之統會也。蓋八卦納甲，乾坤括始終，包羅六子在內。六子皆賴乾父以資始，賴坤母以代終。一月之造化，統體三陰三陽。月爲太陰，水體純黑無光，特感受太陽金精，寄體生光。一陽生于震，自朔到望，乃是乾之寄體；一陰生于巽，自望到晦，方是坤之本體。究竟徹始徹終，一點陽光，總屬太陽乾精，特借坤中陰魄，爲之承載攝受耳。乾父之精，全賴坤母之體包承而結括之。自坤之初爻，到五爻，一月之候，恰好完足。故曰：「六五坤承，結括終始。」

六子總不出乾坤範圍，但三男三女，各從其類，陽魂總是日光，屬之乎乾；陰魄總是月精，屬之乎坤。然三陰皆統體于乾者，乾元統天之旨也，父道也；三陽皆寄體于坤者，坤元承天之旨也，母道也。所以乾之世，在上九稱宗廟，爻實爲六子之父；坤之世，在上六稱宗廟，爻實爲六子之母。此以坤之承順乎乾者言之。故曰：「轀養衆子，世爲類母。」

金丹大藥，其初原從坤鑪中產出，方得上升乾鼎。升而復降，落在黃庭，養火之功，仍在坤鑪，以靜待一陽之復。徹始徹終，俱有母道。然則乾之上九變盡，則爲坤之上六矣。不知陽無剝盡之理，碩果在上，巍然不動，此則京氏火珠林易取上爻爲宗廟不變之義也。所以，坤上六爻，辭曰「龍戰于野，其血元黃」。戰野之龍，即乾上九之亢龍也。陰極而陽與之戰，一戰後方得和合。坤爲無極之鄉，故稱于野。後天，乾居西北至陰之地，故又曰「戰于乾」。元屬乾，黃屬坤，得此一戰，元黃始交，中孕陽精，便成震體。所以，震爲元黃，地中有雷，一陽初動，劈破鴻濛，轉爲朔旦之復矣。

用九翩翩，爲道規矩。陽數已訖，訖則復起。推情合性，轉而相與。循環璇璣，升降

上下。周流六爻，難以察覩。故無常位，爲易宗祖。

此節言坎離二用循環不窮，爲通章結尾。

乾三坤六，合而成九。乾之用九，得以兼坤；坤之用六，不得兼乾。觀上文三陽三陰，皆統于乾，而坤特包承其間，可見舉乾九則坤六在其中矣。況金丹大道，本諸乾性。乾乃純陽，必鍊以九轉而始就。故曰：「用九翩翩，爲道規矩。」

乾屬太陽，陽窮于九，化爲少陰，先天之乾一，轉作後天之離九。一既爲九，九復爲一，本來無首無尾，故曰「陽數已訖，訖則復起」，即後面所謂「一九之數，終而復始」也。

坎中有金情，情在于西；離中有木性，性在于東。東西間隔，相會無因，全賴斗柄斡旋其間，金情自來歸性。故曰：「推情合性，轉而相與。」

古人設璇璣玉衡，所以象周天之運旋。只此性情二物，出日入月，一上一下，一升一降，經之爲南北，緯之爲東西。南北以子午爲經，東西以卯酉爲緯，若璇璣之循環運旋，莫測其端，此即卯酉周天之作用也。故曰：「循環璇璣，升降上下。」

自震到乾，自巽到坤，三陽三陰，自相消息中間，不見坎離爻位。然日往月來，月往日來，其間進退消息，莫非坎離妙用，實無可見者。故曰：「周流六爻，難以察覩。」

一日一月，把握乾坤，周流六虛，是謂無體之易。即此無體之易，統乎天心，爲六十四卦、三百八十四爻之所從出，豈非無常位而爲易之宗祖者乎？乾元統天，配成九轉，故用九爲道之規矩；日月爲易，本無方體，故金丹爲易之宗祖：互言之也。

此章專言金丹作用。其初，晦朔交會，取坎填離，情來歸性，乃產一陽，是爲金丹之基；既而，庚方藥生，從坤到乾，上升下降，配成三陽，是爲金丹之用，所謂小周天火候是也。此係參同契中要緊關鍵，然必合下章觀之，方盡其妙。

乾坤交媾章第十九

朔旦爲復，陽氣始通。出入無疾，立表微剛。黃鍾建子，兆乃滋彰。播施柔暖，黎蒸得常。臨鑪施條，開路生光。光耀漸進，日以益長。丑之大呂，結正低昂。仰以成泰，剛柔并隆。陰陽交接，小往大來。輻輳于寅，進而趨時。漸歷大壯，俠列卯門。楡莢墮落，還歸本根。刑德相負，晝夜始分。夬陰以退，陽升而前。洗濯羽翮，振索宿塵。乾健盛明，廣被四鄰。陽終于巳，中而相干。姤始紀序，履霜最先。井底寒泉，午爲蕤賓。賓伏于陰，陰爲主人。遯世去位，收斂其精。懷德俟時，棲遲昧冥。否塞不通，萌者不生。陰伸陽屈，毀傷姓名。觀其權量，察仲秋情。任畜微稚，老枯復榮。薺麥萌蘖，因冒以生。剝爛肢體，消滅其形。化炁既竭，亡失至神。道窮則返，歸乎坤元。恒順地理，承天布宣。元幽遠渺，隔閡相連。應度育種，陰陽之元。廖廓恍惚，莫知其端。先迷失軌，後爲主君。無平不陂，道之自然。變易更盛，消息相因。終坤始復，如循連環。帝王乘御，千載長存。

此章言乾坤交而結丹，應一歲之六陽六陰，乃大周天之火候也。

朔旦爲復，陽氣始通。出入無疾，立表微剛。黃鍾建子，兆乃滋彰。播施柔暖，黎蒸得常。

此節言一陽之動而爲復，乃還丹之初基也。

前章言，坎離會合，方產大藥，是活子時作用，所謂「一日內，十二時。意所到，皆可爲」者也。大藥一產，即用先天納甲陽升陰降火候，謂之小周天。直待一周既畢，正子時到，方用大周天火候。何謂正子時？自震到乾，動極而靜；自巽到坤，靜極復動。致虛而至于極，守靜而至于篤，一點真陽，深藏九地，是爲亥子之交。迨時至機動，無中生有，忽然夜半雷聲，震開地户，從混沌中剖出天地之心，方應冬至朔旦。故曰：「朔旦爲復，陽炁始通。」所謂「一陽初動處，萬物未生時」，此吾身中正子時也。

一陽初復，其氣尚微，此時當温養潛龍，不可遽然進火。先王以至日閉關，内不放出，外不放入，皆所以鍊爲表衛，護此微陽。故曰：「出入無疾，立表微剛。」

陽炁雖微，其機已不可遏，于十二律正應黄鍾，于十二辰正應斗柄建子，皆萌動孳長，從微至著之象。故曰：「黄鍾建子，兆乃滋彰。」

陽火在下，鉛鼎温温，自然沖融柔暖，羣陰之中，全賴此一點陽精爲之主宰。故曰：「播施柔暖，黎蒸得常。」黎蒸，在卦爲五陰，在人爲周身精炁；得常者，在卦爲一陽，在人爲一點陽精主持萬化之象。

此言一陽來復，立大丹之基也。

臨鑪施條，開路生光。光耀漸進，日以益長。丑之大吕，結正低昂。

此言二陽之進而爲臨也。

進到二陽，鑪中火炁漸漸條暢，從此開通道路，生發光明，光耀漸漸向進，而日晷益以長矣。維時斗柄建丑，律應大呂，先低後昂，亦進火之象。

仰以成泰，剛柔并隆。陰陽交接，小往大來。輻輳于寅，進而趨時。

此言三陽之進而爲泰也。

三陽仰而向上，正當人生于寅，開物之會，木德方旺，火生在寅，陰陽均平，故曰「剛柔并隆」。此時天炁下降，地炁上升，小往大來，陰陽交接，亟當發火以應之。且正月律應太簇，故有輻輳趨時之象。

漸歴大壯，俠列卯門。榆莢墮落，還歸本根。刑德相負，晝夜始分。

此言四陽之進而爲大壯也。

日出東方卯位。卯爲太陽之門，在一歲爲春分。二月建卯，律應夾鍾。故曰：「俠列卯門。」進火到四陽，生炁方盛，然木中胎金，生中帶殺，故榆莢墮而歸根，有德返爲刑之象。春分晝夜始平，水火各半，是爲上弦沐浴之時。

夬陰以退，陽升而前。洗濯羽翮，振索宿塵。

此言五陽之進而爲夬也。

五陽上升，一陰將盡，勢必決而去之。三月建辰，律應姑洗，有「洗濯羽翮，振索宿塵」之象。如大鵬將徙南溟，則振翮激水，扶搖而上。河車到此，不敢停留，過此則運入崑崙峯頂矣。

乾健盛明，廣被四鄰。陽終于巳，中而相干。

此言六陽之純而爲乾也。

四月建巳，律應仲呂，此時陽升到頂。九天之上，火光偏徹，金液滂流，故有「乾健盛明，廣被四鄰」之象。然陽極于巳，一陰旋生，陰來干陽，故曰「中而相干」。就六陽而論，則以巳爲終局。就終坤始復而論，則又以乾爲中天。各取其義也。

姤始紀序，履霜最先。井底寒泉，午爲蕤賓。賓伏于陰，陰爲主人。

此言一陰之退而爲姤也。

六陽到乾，陽極陰生，便當退火進水，巽之一陰却入而爲主。陽火極盛之時，鼎中已伏陰水，正猶盛夏建午之月，井底反生寒泉。履霜之戒，所以係坤初爻也。陰入爲主，陽返爲賓，姤之月窟，正與復之天根相對。午月律蕤賓，亦主賓互換之象。

遯世去位，收斂其精。懷德俟時，棲遲昧冥。

此言二陰之退而爲遯也。

六月建未，律應林鍾，二陰浸長，陽氣漸漸收斂入鼎，如賢者之遯世潛處山林。故曰：「懷德俟時，棲遲昧冥。」

否塞不通，萌者不生。陰伸陽屈，毀傷姓名。

此言三陰之退而爲否也。

此時陽歸于天，陰歸于地，二氣不交，萬物不生，七月建申，律中夷則。夷者，傷也。水生在申，能侵滅陽火，故有「陰伸陽屈，毀傷姓名」之象。

觀其權量，察仲秋情。任畜微稚，老枯復榮。薺麥萌蘗，因冒以生。

此言四陰之退而爲觀也。

月出西方西位，在一歲爲秋分，律應南呂，金炁肅殺，草木盡凋。然金中胎木，殺中帶生，所以物之老者轉稚，枯者復榮，薺麥之萌蘖，遂因之以生，有刑返爲德之象。秋分晝夜始平，水火各平，是爲下弦沐浴之時。月令仲秋，同度量，平權衡，故開首曰「觀其權量」。

剝爛肢體，消滅其形。化炁既竭，亡失至神。

此言五陰之退而爲剝也。

九月建戌，律應無射，陰來剝陽，陽炁消滅無餘，如草木之肢體，剝爛無餘，惟有頂上碩果，巍然獨存。故曰：「剝爛肢體，消滅其形。」戌爲閉物之會，由變而化，神炁內守，若存若亡。故曰：「化炁既竭，亡失至神。」

要知形非真滅也，以剝落之極，而若消滅耳；神非真亡也，以歸藏之極，而若亡失耳：即是六陰返坤之象。

道窮則返，歸乎坤元。恒順地理，承天布宣。元幽遠渺，隔閡相連。應度育種，陰陽

之元。廖廓恍惚，莫知其端。先迷失軌，後爲主君。

此言六陰之返而爲坤，終則復始也。

十月純陰建亥，律應應鍾，乃造化閉塞之候，吾身歸根復命之時也。蓋人以乾元爲性，坤元爲命，有生以後，一身内外皆陰，故以坤元爲立命之基。起初一陽之復，原從純坤中透出乾元，積至六陽之乾，命乃全歸乎性矣。既而一陰之姤，又從純乾中返到坤元，積至六陰之坤，性又全歸乎命矣。故曰：「道窮則返，歸乎坤元。」

性既歸命，元神潛歸炁中，寂然不動，内孕大藥，正猶時至窮冬，萬物無不蟄藏，天炁降入地中，地炁從而順承之。藏用之終，即是顯仁之始，一點天機，生生不窮。故曰：「恒順地理，承天布宣。」

天之極上處距地之極下處八萬四千里，上極元穹，下極幽冥，似乎遠眇，而不相接。然日光月精，同類相親，如磁石吸鐵，一毫不相隔閡。故曰：「元幽遠眇，隔閡相連。」

天中日光，與地中月精，一陰一陽，及時交會，呼吸含育，滋生真種，便是先天乾元祖炁。故曰：「應度育種，陰陽之元。」

元牝初交，大藥將產，正當亥子中間，一動一靜之間，爲天地人至妙之機關。雖有聖哲，莫能窺測，所謂「恍惚陰陽生變化，絪緼天地乍迴旋。中間些子好光景，安得工夫着語言」是也。故曰：「廖廓恍惚，莫知其端。」其初，混沌未分，天心在中，元黃莫辨，故曰「先迷失軌」；既而，鴻濛初剖，天根一動，萬化自歸，故曰「後爲主君」。即坤彖辭「先迷後得主」之義也。此時一陽復生，又轉爲初九之震矣。

無平不陂，道之自然。變易更盛，消息相因。終坤始復，如循連環。帝王乘御，千載長存。

此節言動靜相生，循環無端，爲通章結尾。

六陽升而進火，六陰降而退符，動極生靜，靜極生動，皆天道自然之運。故曰：「無平不陂，道之自然。」

陰陽反復，見交易、變易之理。陽盛則陰必衰，陰消則陽必息。故曰：「變易更盛，消息相因。」

動靜無端，終始無極。晦之終即朔之始，亥之終即子之始，坤之終即復之始。迎之不見其首，隨之不見其尾。故曰：「終坤始復，如循連環。」

火候之妙，上準造化，下準人身，內可治心，外可治世。帝王乘此道以御世，則歷數千年可永； 丹士得此道以鍊心，則法身千劫長存。故曰：「帝王乘御，千載長存。」

此係中篇「御政」末章，故結到「帝王御世」，正與上篇末章「明堂布政」相應。

此章詳言大周天火候，與上章首尾相足。蓋坎離一交，方產大藥；大藥既產，方可採取；採取入鑪，方可鍛鍊。上章說採取之候，此章纔說鍛鍊之候。其採取也，須識活子時作用，直待晦朔之交，兩弦合精，庚方月現，水中生金，恍惚杳冥，然後覓元珠于罔象之中，運真火于無爲之內，至于月圓丹結，是謂金丹。其鍛鍊也，須識正子時作用，直待亥子中間，一陽初動，水中起火，方用閉任開督之法，吹之以巽風，鼓之以橐籥，趁此火力壯盛，駕動河車，滿載金液，自太元關逆流上天谷穴。交會之際，百脈歸元，九關徹底，金精貫頂，銀浪滔天，景象不可殫述。交會既畢，陽極陰生，即忙開關退火，徐徐降下重樓。此時正要防危慮險，滌慮洗心，直到送歸土釜而止，謂之「乾坤交姤罷，一點落黃庭」。丹既入鼎，須用卯酉周天火候，纔得凝聚。聖胎已結，更須溫養，再加乳哺之功。及乎胎完炁足，嬰兒移居上田，先天元神，變化而出，自然形神俱妙，與道合真，是謂九轉金液還丹。然此兩般作用，一內一外，有天淵之別。從上聖師，口口相傳，不著于文。魏公亦不敢盡泄天機，姑以一月之弦望晦朔，喻金丹一刻之用，以一歲之六陰六陽，喻還丹九轉之功，自有真正火候，秘在其中。學道遇師之士，自當得意而忘象矣。

中篇中卷

此卷專言養性，而御政、伏食已寓其中，義同上篇。養性，共計四章，此乃中之中也。

性命歸元章第二十

將欲養性，延命却期。審思後末，當慮其先。人所稟軀，體本一無。元精雲布，因炁託初。陰陽爲度，魂魄所居。陽神日魂，陰神月魄。魂之與魄，互爲室宅。性主處内，立置鄞鄂。情主處外，築爲城郭。城郭完全，人民乃安。爰斯之時，情合乾坤。乾動而直，炁布精流。坤靜而翕，爲道舍廬。剛施而退，柔化以滋。九還七返，八歸六居。男白女赤，金火相拘。則水定火，五行之初。上善若水，清而無瑕。道之形象，真一難圖。變而分布，各自獨居。類如雞子，白黑相符。縱横一寸，以爲始初。四肢五臟，筋骨乃俱。彌歷十月，脱出其胞。骨弱可卷，肉滑若飴。

此章言性命同出一源，立命正所以養性也。

將欲養性，延命却期。審思後末，當慮其先。人所禀軀，體本一無。元精雲布，因炁託初。陰陽爲度，魂魄所居。

此節言養性之功，當徹究性命根源也。

何謂性？一靈廓徹，圓同太虛，即資始之乾元也。何謂命？一炁絪緼，主持萬化，即資生之坤元也。此是先天性命，在父母未生以前，原是渾成一物，本無污染，不假修證。一落有生以後，太極中分性成命立兩者，便當兼修。然性本無去無來，命却有修有短，若接命不住，則一靈倏然長往矣。修道之士，要做養性工夫，必須從命宗下手。故曰：「將欲養性，延命却期。」

何謂却期？凡人之命，各有定期，其來不能却，其去亦不能却，惟大修行人，主張由我，不受造化陶冶。命既立住，真性在其中矣。人若不知本來真性，末後何歸？了性是末後大事。不知欲要反終，先當原始，必須反覆窮究，思我這點真性，未生以前，從何而來，既生以後，憑何而立，便知了命之不可緩矣。故曰：「審思後末，當慮其先。」

最後受胎之時，不過秉父精母血，包羅凝聚，結成幻軀。此乃有形之體，非真體也。我之真體，本同太虛，光光淨淨，本來原無一物。故曰：「人所稟軀，體本一無。」

及至十月胎圓，太虛中一點元精，如雲行雨施，倏然依附，直入中宮神室，作我主人。于是劈開祖竅，「囮」地一聲，天命之性，遂分爲一陰一陽矣。蓋後天造化之氣，若非先天元精，則無主而不能靈；先天元精，若非後天造化之氣，則無所依而不能立。可見，性命兩者，本不相離。故曰：「元精雲布，因氣託初。」

後天之造化，既分一陰一陽，陽之神爲魂，魂主輕清，屬東方木液，陰之神爲魄，魄主重滯，屬西方金精，兩者分居坎離匡廓之內。故曰：「陰陽爲度，魂魄所居。」

蓋命之在人，既屬後天造化，便夾帶情識在內，只因本來真性，攙入無始以來業根，生滅與不生滅，和合而成八識。識之幽微者，爲想。想之流浪者，爲情。情生智隔，想變體殊，顛倒真性，枉入輪迴矣。所以，學人欲了性者，當先了命。

陽神日魂，陰神月魄。魂之與魄，互爲室宅。性主處內，立置鄞鄂。情主處外，築爲城郭。城郭完全，人民乃安。

此節正言後天立命之功。

後天一魂一魄，分屬坎離。蓋以太陽在卯，故離中日魂，爲陽之神；太陰在西，故坎中月魄，爲陰之神。兩者體雖各居，然離已日光，正是月中玉兎，日魂返作陽神矣；坎戊月精，正是日中金烏，月魄返爲陰神矣。故曰：「魂之與魄，互爲室宅。」

後天兩物，雖分性命，其實祖性全寄于命。蓋一落陰陽，莫非命也。且命元更轉爲情。蓋陰陽之變合，莫非情也。惟其性寄于命，故離中元精，坎中元炁，總謂之命；惟其命轉爲情，故日中木魂，月中金魄，總謂之情。只有祖竅中一點元神，方是本來真性。元神爲君，安一點于竅内，來去總不出門，豈非「性主處内，立置鄞鄂」乎？精氣爲臣，嚴立隄防，前後左右，遏絕奸邪，豈非「情主處外，築爲城郭」乎？

隄防既固，主人優游于密室之中，不動不摇，不驚不怖。故曰：「城郭完全，人民乃安。」

始而處内之性，已足制情；既而營外之情，自來歸性。賓主互參，君臣道合，此爲坎離交會，金丹初基，立命正所以養性也。

爰斯之時，情合乾坤。乾動而直，炁布精流。坤靜而翕，爲道舍廬。剛施而退，柔化以滋。

此節言後天返爲先天也。

後天坎離，即是先天乾坤。只因乾坤一破，性轉爲情，從此情上用事，隨聲逐色，不能還元。至于兩物會合，城郭完而鄞鄂立，則情來歸性，離中之陰復還于坤，坎中之陽復還于乾矣。故曰：「爰斯之時，情合乾坤。」

乾性至健，靜則專而動則直，一點元神，爲精氣之主宰，至剛至直，而不可禦。故曰：「乾動而直，炁布精流。」此言元神之立爲鄞鄂，即所謂「乾元資始」者也。

坤性至順，動則闢而靜則翕，乾中真炁流布，坤乃順而承之，一點元神，絪縕化醕，韞養在中黃土釜。故曰：「坤靜而翕，爲道舍廬。」此言元神之本來胞胎，即所謂「坤元資生」者也。

乾父剛而主施，不過施得一點真氣；坤母柔而主化，須在中宮時時滋育，方得成胎。故曰：「剛施而退，柔化以滋。」此言坎離會合，產出先天元神，即金丹妙用也。

九還七返，八歸六居。男白女赤，金火相拘。則水定火，五行之初。

此節言四象五行混而爲一炁也。

坎離既復爲乾坤，則後天之四象五行，無不返本還原矣。何以言之？天一生水，地六成之，北方之精也；地二生火，天七成之，南方之神也；天三生木，地八成之，東方之魂也；地四生金，天九成之，西方之魄也。水、火、木、金爲四象，并中央戊己土爲五行。究竟所謂四象五行，只是坎離兩物。坎卦從坤而出，北方之水屬陰，本數得六，加以天一之陽，便合成七數；離卦從乾而出，南方之火屬陽，本數得七，加以地二之陰，便合成九數。今者，北方之坎返而歸乾，南方之離還而歸坤，豈非「九還七返」之象乎？北方之一歸于南方之七，共得八數；南方之二歸于北方之六，亦得八數。而獨云「居」者，蓋北方之一，既歸于南，止存水之成數，居其所而不遷，恰好六數矣，豈非「八歸六居」之象乎？又須知四象原是兩物，既然九還七返，自然八歸六居矣。故悟真篇單言還返，益見造化之妙。

二與七并，配成西方之金，色轉爲白；一與六并，配成南方之火，色轉爲赤。白屬金，赤屬火，取西方之金，煉以南方之火，故曰「男白女赤，金火相拘」。

天一之水，從乾宮而出，原是太陽真火；地二之火，從坤宮而出，原是太陰真水。直到一返一還，方得以水歸水，以火歸火，復其原初本體。故曰：「則水定火，五行之初。」

前云「金火」，此又何以云「水火」？蓋後天造化之妙，只是一坎一離，而千變萬化，各異其名。以言乎坎離本位，則曰「水火」；以言乎兩弦之炁，則曰「金水」；以言乎甲庚之用，則曰「金木」；以言乎伏鍊之功，則曰「金火」。顛倒取用，不可窮詰，究只是水火二物。後天水火，雖分二物，究只是先天一炁。坎離既已復爲乾坤，即此便是九還七返、八歸六居而化作先天一炁矣。

上善若水，清而無瑕。道之形象，真一難圖。變而分布，各自獨居。

此節言先天一炁爲大丹之基也。

蓋道本虛無，始生一炁。只此一炁，鴻濛未分，便是先天真一之水，非後天有形之水也。學道之士，若能攝情歸性，并兩歸一，纔復得先天真水，水源至清至潔。此時身心打成一片，不染不雜，自然表裏洞徹，有如萬頃冰壺。故曰：「上善若水，清而無瑕。」

大道離相離名，本無形象。及其生出一炁，似乎可得而形容矣。然此真一之炁，杳冥恍惚，形于無形，象于無象，非一切意識可以卜度揣摩而得。故曰：「道之形象，真一難圖。」

真一之水，便是中宮一點鄞鄂，所謂「太乙含真炁」也。合之爲一炁，分之則爲兩物，又分之則爲四象五行。交會之時，五行變化，全在中央。既而木仍在東，金仍在西，火仍在南，水仍在北，各居其所矣。故曰：「變而分布，各自獨居。」

此段言真一之水實爲丹基，入藥鏡所云「水鄉鉛，只一味」是也。學者若知攢五合四會兩歸一之旨，鄞鄂成而聖胎結矣。

類如雞子，白黑相符。縱橫一寸，以爲始初。四肢五臟，筋骨乃俱。彌歷十月，脱出其胞。骨弱可卷，肉滑若飴。

此節特顯法身之形象也。

聖胎初凝，一點元神，潛藏神室，混混沌沌，元黄未剖，黑白未分，有如雞子之狀。故曰：「類如雞子，白黑相符。」

神室中間，方圓恰好徑寸，法身隱于其中，優游充長，與赤子原初在母腹中一般造化。故曰：「縱橫一寸，以爲始初。」

溫養真胎，必須從微至著，始而成象，繼而成形，四肢五臟，并經絡骨節之類，件件完備，具體而行。故曰：「四肢五臟，筋骨乃俱。」須知四象五行，包絡法身，便如四肢五臟，法身漸漸堅凝，便如筋骨，非真有形象也。

溫養既足，至于十月胎完，赤子從坤鑪中躍然而出，上升乾鼎，從此重安鑪鼎，再造乾坤，別有一番造化，我之法身纔得通天徹地，混合太虛，故曰「彌歷十月，脫出其胞」，而有「骨弱可卷，肉滑如飴」之象矣。

此段言法身形象，與母胎中生身受炁之初，同一造化。但順則生人，逆則成丹，有聖與凡之別耳。

此章是養性第一關鍵，與上篇兩竅互用章相應。

二炁感化章第二十一

陽燧以取火，非日不生光。方諸非星月，安能得水漿。二炁玄且遠，感化尚相通。何況近存身，切在于心胸。陰陽配日月，水火爲效徵。

此章言水火兩弦之炁以同類相感也。

上章言「魂之與魄，互爲室宅」，即水火兩物也。金丹之道，以日月爲體，以水火爲用，體則互藏，用則交入。日月非水火，體無所施；水火非日月，用無所出。近取諸身，遠取諸物，莫不皆然。

陽燧是火珠，形如銅鏡，其體中實，象坎中一陽。此物秉太陽火精，故世人用以取火。然必向日中取之，纔能得火。只因這點真陽，原是日魂之光。日爲光之所聚，陽燧爲光之所招，以火取火，安得不靈？故曰：「陽燧以取火，非日不生光。」方諸是蚌珠，其體中虛，象離中一陰。此物秉太陰水精，故世人用以取水。然必向月下取之，纔能得水。只因這點真陰，原是月魄之精。月爲精之所藏，方諸爲精之所攝，以水取水，安得不應？故曰：「方諸非星月，安能得水漿。」此即坎離互用之旨也。

天上之日月，與世間之水火，相去不知幾萬里，可謂元且遠矣。然而隔閡潛通，如磁吸鐵，正以同類易親，故二炁自爲感化而相通也。

遠取諸物，無情者尚且相感如此，矧近取諸身，有情之真水真火，切在方寸之間，至虛至靈，一呼即應，兩弦真炁，有不相感化者乎？所以，離中真水，往而流戊；坎中真火，來而就己。

假法象而採太陰之精，立鼎器以聚太陽之炁，自然同類相從，結成鄞鄂。蓋真陰真陽，互藏其宅，便是吾身之日月；日光月精，相胥爲用，便是吾身之水火。其間採取感召，全仗中黄真意，即吾身陽燧、方諸之妙用也。故曰：「陰陽配日月，水火爲效徵。」

此章專言二物相感，同氣相求，發明大易性情宗旨。蓋寂然不動，性之體也；感而遂通，情之用也。離之情常在于北，坎之情常在于南，此日月之所以合璧而水火之所以交也；離中真水復歸于北，坎中真火復歸于南，此乾坤之所以還元而鄞鄂之所以立也。周易上經首乾、坤，取其定位以立體也；下經首咸、恒，取其交感以致用也。澤上山下，其卦爲咸。孔子翼之曰：「二氣感應以相與。」又曰：「天地感而萬物化生。」可見天地間只此二氣，順而相感則生物，逆而相感則成丹。況兑艮二體，正應上下兩弦，即兑艮交感之用，以還乾坤不易之體，豈不猶陽燧、方諸之相取者乎？噫！此人人具足之真易也。

關鍵三寶章第二十二

章名從舊。

耳目口三寶，閉塞勿發通。真人潛深淵，浮游守規中。旋曲以視聽，開闔皆合同。爲己之樞轄，動静不竭窮。離炁納榮衛，坎乃不用聰。兑合不以談，希言順鴻濛。三者既關鍵，緩體處空房。委志歸虛無，無念以爲常。證

難以推移，心專不縱橫。寢寐神相抱，覺悟候存亡。顏色浸以潤，骨節益堅强。辟却眾陰邪，然後立正陽。修之不輟休，庶炁雲雨行。淫淫若春澤，液液象解冰。從頭流達足，究竟復上升。往來洞無極，怫怫被谷中。反者道之驗，弱者德之柄。耘鋤宿污穢，細微得調暢。濁者清之路，昏久則昭明。

此章言關鍵三寶，內真外應，乃養性之要功也。

耳目口三寶，閉塞勿發通。真人潛深淵，浮游守規中。

此節統言關鍵三寶之要道也。

修道之士，有內三寶，有外三寶。元精、元氣、元神，內三寶也； 耳、目、口，外三寶也。欲得內三寶還真，全在外三寶不漏，陰符經所謂「九竅之邪，在乎三要」是也。下手之初，必須屏聰黜明，謹閉兑口，真元方不外漏。故曰：「耳目口三寶，閉塞勿發通。」

外竅不漏，元神內存，前後會合，中間有一無位真人潛藏深淵之中。深淵乃北極太淵，天心之所居，即元關一竅也。元關在天地之間，上下四方之正中，虛懸一穴，其大無外，其小無內，謂之規中。中有主宰，謂之真人。守而勿失，謂之抱一。然其妙訣，全在不勤不怠，勿助勿忘，有浮游之象。故曰：「真人潛深淵，浮游守規中。」

此四句乃養性之要功，一章之綱領也。

旋曲以視聽，開闔皆合同。爲己之樞轄，動靜不竭窮。離炁納榮衛，坎乃不用聰。兑合不以談，希言順鴻濛。

此節詳言三寶關鍵工夫。

坎屬水，是爲元門；離屬火，是爲牝户；兑爲口，内應方寸。學人入室之時，當收視返聽，轉順爲逆。其門户之一開一闔，皆與元牝内竅相應。故曰：「旋曲以視聽，開闔皆合同。」

坎中納戊，離中納己。戊土屬陽主動，己土屬陰主靜。然離中一陰，體雖靜而實則易動，憧憧往來，不可禁止，惟賴坎中真陽出而鈐制之。若門之有樞，車之有轄。庶乎一開一闔，動靜各有其時，而元炁不致耗竭矣。故曰：「爲己之樞轄，動靜不竭窮。」

元竅中先天祖炁，本來鴻濛未剖，惜乎前發乎離，以泄其明，後發乎坎，以泄其聰，中發乎兑，以開其門。三者俱散而不收，先天之炁所存者幾何哉？必也默默垂簾，頻頻逆聽，則坎離之炁不泄矣。故曰：「離炁納榮衛，坎乃不用聰。」

括囊內守，混沌忘言，則兌口之炁不泄矣。故曰：「兌合不以談，希言順鴻濛。」即所謂「耳目口三寶，閉塞勿發通」者也。此中秘密，全在「口」字。此口是元關一竅，吞吐乾坤，因天機不可盡泄，姑取兌象，非世人飲食之口也。必須真師指示，方知其妙。

三者既關鍵，緩體處空房。委志歸虛無，無念以爲常。證難以推移，心專不縱橫。寢寐神相抱，覺悟候存亡。

此節詳言潛淵守中工夫。

耳目口三者，既已關鍵嚴密，一毫不泄，則我之真人，自然不擾不雜，優游于深淵之中。此中空空洞洞，別無一物，有若空房然。故曰：「三者既關鍵，緩體處空房。」

先天一炁，原從虛無中來，必委致其志，虛以待之，至于六根大定，一念不生，方得相應。然所謂無念，只是常應常靜，不出規中，非同木石之蠢然也。無念之念，是爲正念。正念時時現前，方可致先天一炁，而有得藥之時。故曰：「委志歸虛無，無念以爲常。」

此事人人具足，本不難取證，有如立竿見影。世人取證之難，正以心志不專，時刻推移，縱橫百出，遂望洋而返耳。倘入室之時，心志專一，推移不動，絕無縱橫之病，則可以得之于一息矣，有何難證之道乎？故曰：「證難以推移，心專不縱橫。」

此心既不動移，十二時中，行住坐臥，不離規中，即到寢寐之時，嚮晦晏息，一點元神，自然與元炁相抱，如鑪中種火相似。猶恐或致昏沉，必須常覺常悟，冥心內炤，察規中之消息，候真種之存亡。故曰：「寢寐神相抱，覺悟候存亡。」如此用心，何慮金丹不結、真人不現？此即「真人潛深淵，浮游守規中」之節度也。

顏色浸以潤，骨節益堅強。辟却眾陰邪，然後立正陽。修之不輟休，庶炁雲雨行。淫淫若春澤，液液象解冰。從頭流達足，究竟復上升。往來洞無極，怫怫被谷中。

此節言結丹之證驗也。

凡人之形神，本不相離，真種一得，表裏俱應，自然顏色潤澤，骨節堅強，辟除後天陰邪之物，建立先天正陽之炁。蓋一身內外，莫非陰邪，先天陽炁一到，陰邪自然存留不住。更能行之不輟，其效如神，周身九竅八脈，三百六十骨節，八萬四千毛孔，總是太和元炁流轉。但見如雲之行，如雨之施，如澤之潤，如冰之解，從崑崙頂上，降而到足，復從湧泉穴底，升而到頭。徹頭徹底，往來于空洞無涯之中，不相隔礙。蓋天地間，山川土石，俱窒塞而不通，惟有洞天虛谷，竅竅相通。人身亦然。肌肉骨節俱窒礙而不通，惟有元竅虛谷，脈脈相通，與造化之洞天相似。元炁往來，洞然無極，正往來于虛谷之中也。故曰：「往來洞無極，怫怫被谷中。」此與上篇「黄中漸通理，潤澤達肌膚」相似，俱金丹自然之驗。

反者道之驗，弱者德之柄。耘鋤宿污穢，細微得調暢。濁者清之路，昏久則昭明。

此結言金丹之超出常情也。何謂反？常道用順，丹道用逆，顛倒元牝，抱一無離，方得歸根復命，豈非「反者道之驗」乎？何謂弱？堅强者死之徒，柔弱者生之徒，專炁致柔，能如嬰兒，自然把柄在手，豈非「弱者德之柄」乎？

且辟却陰邪，則身中一切宿穢，悉耘鋤而去盡矣。正陽既立，則元炁透入，細微悉調暢而無間矣。

至于金丹始結，脈住炁停，復返混沌，重入胞胎，似乎昏而且濁。此吾身大死之時也。久之，絕後再甦，親證本來面目，自然純清絕點，慧性圓通，大地乾坤，俱作水晶宮闕矣。故曰：「濁者清之路，昏久則昭明。」

前段言形之妙，此段言神之妙，形神俱妙，方能與道合真。

此章專言關鍵三寶，乃是守中抱一，養性第一步工夫，與上章鍊己立基章相應。

附錄

抱一子曰：「耳不聽，則坎水内澄；目不覩，則離火内營；口不言，則兑金不鳴。三者既閉，則真人優游于其中。」又曰：「七門既返，殆若忘生，百脈俱沉，形氣消盡，力弱不支，昏濁如醉，此乃道之驗、德之柄也。昏者明之基，濁者清之源，自兹以往，圓明洞照，虛徹靈通，莫不自昏濁始矣。」

俞玉吾曰：「反者，反復也。修丹效驗，在乎虛極靜篤，與天地冥合，然後元炁從一陽而來復。弱者，柔弱也。修丹把柄，在乎持其志無暴其氣，如嬰兒之柔弱，庶幾可以返本還原。」

旁門無功章第二十三 章名從舊。

世人好小術，不審道淺深。棄正從邪徑，欲速闕不通。猶盲不任杖，聾者聽宫商。没水捕雉兎，登山索魚龍。植麥欲獲黍，運規以求方。竭力勞精

神，終年不見功。欲知伏食法，至約而不繁。

此章決言旁門之無功也。

學道者，先要知道之與術，天淵迥別。性命全修，復歸無極，謂之大道；一機一訣，自救不了，謂之小術。金丹大道，難遇易成；一切旁門小術，易遇難成。奈何世間愚民，胸中茅塞，既不辨淺深，眼孔模糊，又不識邪正，往往背明投暗，棄正從邪，本求欲速見功，反致閼絕不通，永斷入道之路，豈不哀哉？

不知先天性命，超出形器之表，却妄認後天精炁，身中摸索，茫無影響，隨人顛倒，毫無決擇，此猶盲者之無拄杖、聾者之聽宮商也。

不悟先天陰陽，自家同類之物，却猜做世間男女，向外採取，流于淫邪，傷生敗德，莫此爲甚，此猶入水而捕雉兎、登山而索魚龍也。

不思先天鉛汞，本來無質無形，却去燒茅弄火、乾汞點銅，誑惑凡愚，敗身亡家，此猶種麥而轉思獲稻、運規而妄意求方也。

此等旁門，費盡一生精力，窮年卒歲，到老無成，却謗祖師妄語。不知金丹伏食之法，至簡至要，有作以原其始，無爲以要其終，與天地造化同一功用，雖愚昧小人，得之立躋聖位，豈可與旁門小術同日而論哉！

以上舉旁門之非，特識其大畧耳。究而論之，禪家有九十六種外道，元教有三千六百旁門，千差萬别，不可殫述。所以正陽祖師有正道歌、翠虛真人有羅浮吟，以至李清庵之九品說、陳觀吾之判惑歌，皆歷數旁門外道之差，以覺悟世人聾瞽。惜乎世人不悟，仍舊謬種傳流，有增無減，良可悲也。

以上僅標大畧，要當摘取諸真言句，另爲指述一書，與同志共參之。

中篇下卷

伏食，共計八章，此乃中之下也。

此卷專言伏食，而御政、養性已寓其中，義同上篇。

性情交會章第二十四

太陽流珠，常欲去人。卒得金華，轉而相因。化爲白液，凝而至堅。金華先倡，有頃之間。解化爲水，馬齒瓓玕。陽乃往和，情性自然。迫促時陰，拘畜禁門。慈母養育，孝子報恩。嚴父施令，教勑子孫。五行錯王，相據以生。火性銷金，金伐木榮。三五爲一，天地至精。可以口訣，難以書傳。子當右轉，午乃東旋。卯酉界隔，主客二名。龍呼于虎，虎吸龍精。兩相飲食，俱使合并。遂相銜嚥，咀嚼相吞。熒惑守西，太白經天。殺炁所臨，何有不傾。狸犬守鼠，鳥雀畏鸇。各得其性，何敢有聲。

此章言木性金情自相交會，以成伏食之功也。

太陽流珠，常欲去人。卒得金華，轉而相因。化爲白液，凝而至堅。

此節言兩物之性情合而成金丹也。

先天之體，爲性命乾坤是也；後天之用，爲性情坎離是也。自乾坤破爲坎離，性情之用著，而性命之體隱，順之則爲凡矣。惟坎離復交爲乾坤，因性情之用，以還性命之體，逆之則成聖矣。至于後天坎離中，又分體用：以真陰真陽爲體，體屬水火；以兩弦之氣爲用，用屬金木。不可不辨。

乾屬太陽真性，本來寂然不動，只因交入坤中一陰，性轉爲情，遂成離中木汞。自此陰精用事，離光順流向外，恍惚不定，有流珠之象。乾既成離，其中一陽，走入坤宮。坤屬太陰元命，既得乾中一陽，命轉作性，遂成坎中金鉛。此點金炁精華，只在坎水中潛藏，杳冥不測，有金華之象。離中靈物，刻刻流轉，本易走而難捉。捉之愈急，去之愈速。賴得坎中一點真鉛，逆轉以制之。真汞一見真鉛，纔不飛走。故曰：「太陽流珠，常欲去人。卒得金華，轉而相因。」

鉛入汞中，汞賴鉛之拘鈐，鉛亦得汞之變化，兩物會入黃房，合成一炁，其炁先液而後凝。故曰：「化爲白液，凝而至堅。」白者，金色；至堅者，金性也。蓋金來歸性，已結而成丹矣。

此通章之綱領也。

金華先倡，有頃之間。解化爲水，馬齒瓓玕。陽乃往和，情性自然。

此節言兩物交并自相倡和也。

坎男主倡，離女主和。坎中一陽，本自難于出鑪，及其時至而出也，只在一彈指間。故曰：「金華先倡，有頃之間。」

水中生金，金中復能化水。蓋金華之液，即真一之水也，絪緼活動，無質生質，漸漸堅凝，有若馬齒瓓玕之狀。故曰：「解化爲水，馬齒瓓玕。」

坎中之金液既升，離中之木液乃從而和之，一東一西，間隔已久，幸得真意勾引，相會黃房。木性愛金，金情戀木，一倡一和，出于性情之自然，非人力可强而致。故曰：「陽乃往和，情性自然。」

陽即上文「太陽流珠」，以其外陽而內陰，易于逐物流走，主和而不主倡，惟與金華之真陽，相匹爲夫婦，方不流走。此時已轉爲真陰，故有婦道顛倒之妙，不可不知。

迫促時陰，拘畜禁門。慈母養育，孝子報恩。嚴父施令，教勑子孫。

此節言拘制兩物會中宮而產真種也。

坎中之金華既升，離中之流珠即降，兩弦之炁相交，只在一時。時不可失，當以真意迫促之。兩物相交，正當虛危中間，此時宜禁閉地户，翕聚真炁，不可一毫泄漏。故曰：「迫促時陰，拘畜禁門。」

真種既歸土釜，全賴中宮坤母爲之温養哺育。始而母去顧子，如雌雞之伏卵，時時相抱；既而子來戀母，若慈烏之反哺，刻刻不離。故曰：「慈母養育，孝子報恩。」

真種既存中宮，外面最要嚴謹隄防，牢鎮八門，環匝關閉，不可一毫放鬆。譬如子當幼小之時，養育固願慈母，教勑全仗嚴父。故曰：「嚴父施令，教勑子孫。」慈母，喻文火，在神室中温養；嚴父，喻武火，在門户間隄防；孝子，喻真種，即金華、流珠兩物所結成者。自「迫促時陰」至此，俱屬金丹作用，只在一刻中。

五行錯王，相據以生。火性銷金，金伐木榮。三五爲一，天地至精。可以口訣，難以書傳。

此節言作丹之時，五行顛倒之妙也。

常道之五行，俱從順生，如金生水、木生火之類，順流無制，必至精炁耗散，去死不遠，生機轉作殺機，所謂「生者死之根」也；丹道之五行，全用逆轉，如流珠本是木龍，却從離火中取出，金華本是金虎，却從坎水中取出，水火互藏，金木顛倒，方得歸根復命，劫外長存，殺機轉作生機，所謂「死者生之根」也。故曰：「五行錯王，相據以生。」

錯王者，即「子南午北，互爲綱紀」之意；相據者，即「龍西虎東，建緯卯酉」之意。以常道言之，金性在鑛中，無由自出，木帶陰氣，豈能滋生？必先用南方木中之火，去煅北方水中之金，銷鑛存金，金華始得發露。旋用西方水中之金，來制東方火中之木，伐去陰氣，木液方得滋榮。故曰：「火性銷金，金伐木榮。」此即「五行錯王，相據以生」之旨也。

東三南二，合成一五；北一西四，合成一五；中央戊己真土，自成一五：是謂「三五」。混南北，并東西，攢簇于中土之内，是之謂「一」。三五合而爲一，乃造化至精至妙之理。把握乾坤，包括河、洛，其間作用，必須真師口口相授，豈能筆之于書哉！故曰：「三五爲一，天地至精。可以口訣，難以書傳。」

此段言顛倒二物則五行復歸于一。末篇法象章云「本之但二物兮，末乃爲三五。三五并爲一兮，都集歸一所」，印證甚明。

子當右轉，午乃東旋。卯酉界隔，主客二名。

此節言金木間隔，當加沐浴之功也。以常道五行言之，木生在亥，震木生于坎水，是謂「龍從水裏出」；金生在巳，兑金產自離火，是爲「虎向火中生」。丹道逆用則不然，從子右轉到未，自北而西，以訖于南，中藏酉金，則金華產于坎中，而爲上弦之氣，所謂「虎向水中生」也；從午逆旋到丑，自南而東，以至于北，中藏卯木，則流珠取之離內，而爲下弦之氣，所謂「龍從火裏出」也。但當子南午北，水火交入之時，一金一木，界限其中。木性在東爲主，金情在西爲客，未免性情間隔，賓主乖違。此時須用沐浴之法，萬緣盡空，一絲不挂，存真意于規中，和合金情木性。至于金返在東，轉而爲主，木返在西，轉而爲客，主客互易其名，兩弦之氣，始合而爲一矣。只此性情二物，自其相倡和而言，則爲夫婦；自其相生而言，則爲母子；自其相制而言，則爲父子；自其互換而言，則又爲主客。顛倒莫測，正見天地至精之理。

龍呼于虎，虎吸龍精。兩相飲食，俱使合并。遂相唧嚥，咀嚼相吞。

此節言兩物之相并也。

五行相據，主客既已互換，則木龍反據酉位，而呼黑虎之氣，金虎反據卯位，而吸赤龍之精。故曰：「龍呼于虎，虎吸龍精。」于是兩者性情係戀，恣意交歡，相與飲食，合并爲一。且其合并之時，遂相唧相嚥，吞入口中，而結一黍之丹矣。

此段說兩物之相交并，從上文「相據以生」透出，專發「食」字之義。

熒惑守西，太白經天。殺炁所臨，何有不傾。狸犬守鼠，鳥雀畏鸇。各得其性，何敢有聲。

此節言兩物之相制也。

五行錯王，火性既能銷金，則火入西方金鄉，而爲熒惑守西之象；金性既能伐木，則金乘東方木位，而爲太白經天之象。火尅金，金轉尅木，右旋一周，無所不尅，但取逆制，全用殺機。故曰：「殺氣所臨，何有不傾。」

木見金，金見火，其情性自然降伏，譬若狸犬之捕鼠、鳥雀之畏鸇，一見即便擒住，兩下寂然無聲，非强之使無聲也，其性然也。業已各得其相制之性，而何敢有聲哉？

此段言兩物之相鈐制，從上文「五行錯王」透出，專發「伏」字之義。蓋惟相并而不礙其相制，此生機之即寓于殺機也；惟相制而始得以相并，此殺機之逆轉爲生機也。一伏一食，方成還丹。篇中伏食大義，昭昭如是，迥非旁門所謂服食之術也。

附錄

抱一子曰：「人命在卯，日出于卯，而萬物仰之以生，是則萬物皆借太陽之精以立命矣。太陽流珠者，命寶也。奈此命寶，寓神則營營而亂思，寓精則持盈而難保，故曰『常欲去人』，須得金華而制伏之。」

審察真僞章第二十五

不得其理，難以妄言。竭殫家財，妻子饑貧。自古及今，好者億人。訖不諧遇，希有能成。廣求名藥，與道乖殊。如審遭逢，覩其端緒。以類相況，揆物終始。五行相尅，更爲父母。母含滋液，父主秉與。凝精流形，金石不朽。審專不泄，得成正道。立竿見影，呼谷傳響。豈不靈哉，天地至象。若以野葛一寸，巴豆一兩，入喉輒僵，不得俛仰。當此之時，周文揲蓍，孔子占象，扁鵲操鍼，巫咸叩鼓，安能令甦，復起馳走。

此章言道有真僞，當辨僞而存真也。

不得其理，難以妄言。竭殫家財，妻子饑貧。自古及今，好者億人。訖不諧遇，希有能成。廣求名藥，與道乖殊。如審遭逢，覩其端緒。以類相況，揆物終始。

此節言伏食有真僞，學道者所當早辨也。金丹大道，範圍天地，包括易象，其理最爲廣大精微，必須洞曉陰陽，深達造化，方知其奧，豈不得其理者可率意而妄談哉？不得其理，而妄談妄作，往往流于鑪火之術，至于家財竭殫，妻子饑貧，尚不覺悟，良可憫也。

自古到今，好道者不啻千億，但好者未必遇，遇者未必成。學道者如牛毛，成道者如兎角。良以拋却自家性命，却去入山覓汞，掘地尋鉛，廣求五金八石，認作不死之藥，所以與大道一切乖殊耳。

學人參師訪道，當先具一隻眼，倘有所遇，必察其端緒之所在，是真是僞。若是真師，決定洞曉陰陽，深達造化，只消叩以性命根源并同類相親、五行逆用之旨，徹始徹終，不得一毫模糊，則藥物之真僞，可得而揆，師承之真僞，亦可得而決矣。故曰：「以類相況，揆物終始。」

五行相尅，更爲父母。母含滋液，父主秉與。凝精流形，金石不朽。審專不泄，得成正道。立竿見影，呼谷傳響。豈不靈哉，天地至象。

此節言五行逆尅以結大丹，正端緒之可覩者也。

常道之五行，以相生爲父母；丹道之五行，轉以相尅爲父母。蓋不尅則不能生，殺機正生機之所在也，如金尅木者也。然金纔一動，便生出水來，木炁貪水之生，忘金之尅。尅者爲父，尅而能生者，即爲母矣。推之五行，莫不皆然。故曰：「五行相尅，更爲父母。」

母道屬坤，主于資生，以靜翕爲德，交媾之時，既受真種于乾父，只在中宮滋育，漸成嬰兒。故曰：「母含滋液。」蓋母取貪生忘尅之義，即上章所云「慈母養育」也。父道屬乾，主于資始，以動直爲德，交姤之初，業已氣布精流，生炁施之于坤母，即是真種。故曰：「父主秉與。」蓋父取以尅爲生之義，即上章所云「嚴父施令」也。

一生一尅，秉與者，凝聚資始之精； 滋液者，流布資生之形。 兩者妙合，結成真胎，即上章所云「五行錯王，相據以生」也。 工夫到此，進進不已，法身便得長存，同金石之不朽。 惟賴審固專一，而無一毫泄漏，方得成其至道耳。 徹始徹終，只是以尅爲生，方見五行顛倒之妙。 若知其妙，大丹立就。 譬之立竿而影即見，呼谷而響即傳，造化自然之法象，豈不至靈且驗哉？ 此皆真道之驗，其端緒可得而覩者，豈旁門僞術所得而混入也？

若以野葛一寸，巴豆一兩，入喉輒僵，不得俛仰。 當此之時，周文揲蓍，孔子占象，扁鵲操鍼，巫咸叩鼓，安能令甦，復起馳走。

此節更端設喻，以見伏食之靈驗也。

世人但知毒藥入口，死者不可復生，豈知金丹入口，生者不可復死？ 毒藥入口，雖神聖，不能令其復甦。 金丹入口，雖造物，能令其復死乎？ 惜乎世人，明于彼，而獨暗于此也。 且金丹既已入口，縱使啖以野葛，投以巴豆，亦不得而殺之矣。 可見五行相尅，凝精流形，金丹伏食之妙，洵若立竿而影即見、呼谷而響即傳，詎可與非種之僞道同日而論哉？

此章專辨伏食之真僞，爲萬世學人開一隻眼，庶不被盲師瞞過耳。

鉛汞相投章第二十六

河上奼女，靈而最神。得火則飛，不見埃塵。鬼隱龍匿，莫知所存。將欲制之，黃芽爲根。物無陰陽，違天背元。牝雞自卵，其雛不全。夫何故乎，配合未連。三五不交，剛柔離分。施化之道，天地自然。火動炎上，水流潤下。非有師導，使之然也。資始統正，不可復改。觀夫雌雄，交媾之時，剛柔相結，而不可解，得其節符，非有工巧，以制御之。男生而伏，女偃其軀。稟乎胎胞，受炁之初。非徒生時，著而見之。及其死也，亦復效之。此非父母，教令其然。本在交姤，定置始先。

此章言真鉛真汞兩物相制而爲用也。

河上奼女，靈而最神。得火則飛，不見埃塵。鬼隱龍匿，莫知所存。將欲制之，黃芽爲根。

此節言以鉛制汞乃金丹之作用也。

離本太陽乾體，性之元也，中藏一陰，係坤中真水，即是真汞，以其雄裏包雌，又名奼女； 坎本太陰坤體，命之元也，中藏一陽，係乾中真金，即是真鉛，以其水中生金，又名黃芽。

奼女喻後天之心。 先天之性，本來寂然不動，轉作後天之心，有感即通，潛天潛地，至靈至神，一刹那間，上下四方，往古來今，無所不徧。 故曰：「河上奼女，靈而最神。」

以分野而言，午屬三河之分，離火所居，兼取情慾順流之義。 人心本來至靈，只因夾雜後天情識，未免易于逐物，所以觸境便動，遇緣即生，刻刻流轉，一息不停，正類世間凡汞，見火即便飛走，無影無踪，不可捉摸。 故曰：「得火則飛，不見埃塵。」

當其飛走之時，若鬼之隱藏、龍之伏匿，雖有聖者，莫測其去來所在，即孔子所謂「出入無時，莫知其鄉」也。 故曰：「鬼隱龍匿，莫知所存。」

奼女本離中之陰，故取鬼象。 離中之陰，本屬木汞，又取龍象。 靈汞之易失而難持若此。 要覓制伏之法，須得坎中真鉛。 蓋坎中一陽，本出乾金，原是我家同類之物，順之則流而爲情，逆之則轉而爲性。 金來歸性，返本還原，黃芽得與奼女配合，若君之制臣、夫之制婦，自然不動，張平叔所謂「要須制伏覔金公」是也。故曰：「將欲制之，黃芽爲根。」

此專言兩物相制，與前流珠、金華同旨。

物無陰陽，違天背元。牝雞自卵，其雛不全。夫何故乎，配合未連。三五不交，剛柔離分。施化之道，天地自然。

此節言獨修一物之非道也。

一陰一陽之之謂道。凡物偏陰無陽，偏陽無陰，俱非乾元資始、坤元資生之理。故曰：「物無陰陽，違天背元。」

雞之伏卵，先入一點真陽在內，漸漸伏之，方得成雛。但有雌而無雄，其雛必不成矣。此何以故？以其孤陰乏陽，配合未連也。丹道亦然，必須東三南二、北一西四，四象并爲兩物，會到中央真土，同類相求，合成三五，方結聖胎。若三五之炁不交，總是孤陰寡陽，一剛一柔，各自離羣分散，真胎何由結乎？

蓋陽主施精，陰主受化，乃一陰一陽天地自然之道。無論凡胎聖胎，同一造化，不得獨修一物明矣。然此一陰一陽，便是乾元坤元本來真性真命，兼修并證，方稱金丹大道。

修命不修性，修性不修命，總謂之違天背元。旁門不悟，往往流入于採補，何異避溺而投火？哀哉！

火動炎上，水流潤下。非有師導，使之然也。資始統正，不可復改。

此節言兩物相交各返其元性也。

真陰真陽之用，莫若水火。火性陽而主動，動必炎上；水性陰而主流，流必潤下。豈若有情之物，從師訓導，而使然哉？特以資始之初，水潤火炎之性，本自確然各正，後來豈能改易？觀造化即知吾身矣。吾身坎中之火，恒欲就燥而炎上，秉乾父之性也；離中之水，恒欲流濕而潤下，秉坤母之性也。如是秉受，亦當如是歸元。此坎男離女之所以各返其本，而乾父坤母之所以各復其初也。入藥鏡云「水能流，火能燄。在身中，自可驗」，此之謂也。

觀夫雌雄，交媾之時，剛柔相結，而不可解，得其節符，非有工巧，以制御之。男生而伏，女偃其軀。稟乎胎胞，受炁之初。非徒生時，著而見之。及其死也，亦復效之。此非

父母，教令其然。本在交姤，定置始先。

此節以男女交姤喻坎離之返本也。

欲知水流火動之理，當即世間法觀之。世間一男一女交姤之時，自然剛者在上，柔者在下，若物之固結而不可解，又若合符節而一定不可移。此豈有良工巧術以制之使然？自其初生之時，而已然矣。蓋男子之生，其軀必伏，伏者，性情一定向内；女子之生，其軀必偃，偃者，性情一定向外。從父母胞胎中，生身受炁之初，一剛一柔，體質已定，特著見于有生之後耳。且不徒著見于生時也，死時亦然。人有溺死水中者，依舊男伏女偃，此非父母諄諄誨之令其如此。但當初父母交姤之時，剛者據上，即乾道成男之象；柔者據下，即坤道成女之象。男女之位置，已先確定于腹中，既生之後，男女之一偃一伏，確有定置，得不如其交姤之初乎？

既識世法，便知道用。先天乾上坤下，即吾身之父母也；後天離上坎下，即吾身之男女也。火之炎上，坎男之性情也；水之潤下，離女之性情也。坎男離女之性情，即乾父坤母之性情也。乾本定位居上，坤本定位居下，迨乾父坤母交媾而成坎離，位置雖更，性情不易，所以坎中之火仍欲炎上，離中之水仍欲潤下，各思返本還原，歸其同類。至于坎男離女，再一交媾，適還天上地下之常，而先天之性命復矣。乾坤交而爲坎離，猶男女之初生而一偃一伏也，秉受固如是也；坎離復交，而爲乾坤，猶男女之既死而仍一偃一伏也，歸元亦如是也：所謂「資始統正，不可復改」者也。

制鍊魂魄章第二十七

坎男爲月，離女爲日。日以施德，月以舒光。月受日化，體不虧傷。陽失其契，陰侵其明。晦朔薄蝕，掩冒相傾。陽消其形，陰凌災生。男女相須，含吐以滋。雌雄錯雜，以類相求。金化爲水，水性周章。火化爲土，水不得行。男動外施，女靜內藏。溢度過節，爲女所拘。魄以鈐魂，不得淫奢。不寒不暑，進退合時。各得其和，俱吐證符。

此章言日魂月魄兩者相制而成金丹也。

坎男爲月，離女爲日。日以施德，月以舒光。月受日化，體不虧傷。

此節言日月交并顛倒互用之奧也。

丹道以坎離爲藥物，即是日之魂、月之魄。在造化，以日月返炤，互藏天魂地魄；在人身，以水火既濟，互取日光月精。其相制之理一也。上章以「男生而伏，女偃其軀」寓言坎離兩物。蓋男處外而向內，女處內而向外，兩象顛倒之妙，已在其中。坎屬北方真水，應天上之月，月是太陰水精，坤象也，本當稱女，奈中藏乾家太陽真火，魄中有魂，取象玉兎，所以反是男；離屬南方真火，應天上之日，日是太陽火精，乾象也，本當稱男，奈中藏坤宮太陰真水，魂中有魄，取象金烏，所以反是女：即悟真篇所謂「日居離位反爲女，坎配蟾宮却是男」顛倒之妙也。

離體本來是乾，乾父動而處外，惟轉作離女，其性情全向乎內，所以日光雖主外用，却時時與太陰返照，一點陽光，歛在陰魄之中。離體以出爲入，故曰「日以施德」。坎體本來是坤，坤母靜而處內，惟轉作坎男，其性情全向乎外，所以月精雖主內藏，却時時感召太陽之炁，全體陰魄，借陽魂以爲光。坎體以入爲出，故曰「月以舒光」。

以顛倒言之，入內者爲女，出外者爲男；以本體言之，則施精者又爲男，受化者又爲女。坎離二物，雖顛倒而不失其本體，所以晦朔之交，日月并會黃道，混沌相接，元黃成團，日魂入在月魄中，月魄受之而成胚胎，日光月精，交媾及時，合其符節，于光明之本體，并無所損。故曰：「月受日化，體不虧傷。」此日月交感之常道也。丹道亦然。吾身日光月精，刻刻迴照，日月合璧，產出蟾光，作金丹之根本矣。

陽失其契，陰侵其明。晦朔薄蝕，掩冒相傾。陽消其形，陰凌災生。

此節言交感之失其常也，與上篇「水盛坎侵陽，火衰離晝昏」相似。

晦朔之間，日月交并，陽魂能制陰魄，雖寄體陰中，光明之體常在。若陽光不能作主，陷在北海，無由自出，便失其交合之符節，未免反爲陰所侵奪而虧損光明矣。故曰：「陽失其契，陰侵其明。」

陽既爲陰所侵，遂致薄蝕之變。蓋時當晦朔，一點陽精，沉淪洞虛之中，火力尚微，水勢轉盛，陰盛便來掩陽，水盛轉來冒火，相傾相奪，太陽當晝而昏。故曰：「晦朔薄蝕，掩冒相傾。」

太陽之光，本出金性，圓明普照，萬古不虧，但一受陰氣相侵，其形未免暫消，而生薄蝕之災矣。故曰：「陽消其形，陰凌災生。」

此言日月交感失道，立召災變，在人爲坎離初交，一陽沉在海底，動靜之間，稍失其節，以至真火陷入水中，不能出鑪，便應薄蝕之象。詳見上篇第十五章。

男女相須，含吐以滋。雌雄錯雜，以類相求。金化爲水，水性周章。火化爲土，水不得行。男動外施，女靜内藏。溢度過節，爲女所拘。魄以鈐魂，不得淫奢。不寒不暑，進退合時。各得其和，俱吐證符。

此節言交感之得其道也，與上篇「陰陽相飲食，交感道自然」相似。

坎男離女，二物相須爲用。月魄吸金烏之精，自外而入；日魂呼玉兔之髓，自内而出。顛倒主賓，一含一吐，真種于是滋生。故曰：「男女相須，含吐以滋。」

乾本老陽，轉作離中元女；坤本老陰，轉作坎内黄男。乾坤破體，有陰陽錯雜之象。然而坎中真火，仍欲上歸于乾；離中真水，仍欲下歸于坤。由破體鍊之，純體乃成。此即「水流濕，火就燥」，各從其類之旨也。故曰：「雌雄錯雜，以類相求。」

離本太陽乾金，中間轉出一陰，陽金便化爲陰水，即所謂「太陽流珠」也。其性流走，不受控制，未免泛濫而周流。故曰：「金化爲水，水性周章。」

離中之水，既至泛溢，便來尅坎中真火，所賴坎中真火，化出戊土，轉能制水，即所謂「黄芽爲根」也。坎中戊土，與離中己土，兩下配合，鎮在中宫，周章之水纔得所隄防，而不敢妄行四出。故曰：「火化爲土，水不得行。」

坎戊月精，本杳冥而内藏，然其中太陽真火，秉乾父之性，火性主動，動者當出而施用，故曰「男動外施」； 離己日光，本恍惚而外用，然其中太陰真水，秉坤母之性，水性主靜，靜者當入而伏藏，故曰「女靜内藏」。 即上文「日以施德，月以舒光」，顛倒逆用之妙也。

然兩者交會之時，當動而動，當靜而靜，各有其節度。 若陽動而交陰，過于沉溺，能入而不能出，太陽真火，便受泛溢之水氣所侵。 譬之男女交媾，若貪戀過度，男子便受女子拘困。 故曰：「溢度過節，爲女所拘。」即上文「陽失其契，陰侵其明」，薄蝕之徵驗也。

離中之陰屬魄，以其爲太陽之體，故反稱陽神日魂； 坎中之陽屬魂，以其爲太陰之精，故反稱陰神月魄： 所謂「魂之與魄，互爲室宅」也。 今者火化爲土，轉制周章之水，則是魄能鈐魂，而不至溢度過節矣。 故曰：「魄以鈐魂，不得淫奢。」

魂魄互制，水火均平，一陽動而進火，退水不失之于太寒； 一陰靜而進水，退火不失之太暑。 故曰： 「不寒不暑，進退合時。」

水盛而不過于寒，火盛而不過于熱，沖炁爲和，永無薄蝕掩冒之災，于是日光月精，兩相交并，至于庚方之上，金精吐光，一陽受符，而金丹大藥產矣。 故曰： 「各得其和，俱吐證符。」證者，證驗也；符者，符合也：正應上文「契」字之義。

此章言制鍊魂魄，調和水火，顛倒逆用之竅妙，乃是金丹臨鑪作用，當與上篇第十一、第十五兩章參看。

三家相見章第二十八

丹砂木精，得金乃并。金水合處，木火爲侶。四者混沌，列爲龍虎。龍陽數奇，虎陰數偶。肝青爲父，肺白爲母。心赤爲女，腎黑爲子。子五行始，脾黃爲祖。三物一家，都歸戊己。「子五行始」一句，世本誤在「脾黃爲祖」之下，今校古本正之。

此章言身、心、意三家歸一而成丹也。

人爲天地之心，故能鼎立三才，參天兩地。當生身受炁之初，元始祖炁，先入中宮，囫囫圇圇，混然太極，所謂「天地之心」也。「囝」地一聲以後，太極從此分胎。上立天闕，內藏乾性；下立地軸，內藏坤命；虛谷在天地之中，內藏元神。從一中而分造化，遂定爲三才。三才既定，四象即分。蓋乾爲先天祖性，破而成離，轉作後天之心；坤爲先天元命，實而成坎，轉作後天之身。至于先天之離，又轉而成震，火中有木，魂寄于心之象；先天之坎，又轉而爲兑，水中有金，魄藏于身之象。從一炁而分二體，又從二體而分爲四象矣。四象既立，東南之木火同處陽方，西北之水金并居陰位。南方離火赤色，有丹砂之象，中藏真汞，即是木精，猶之北方坎水，黑鉛中藏金精也。人但知火中有木，不識木中有金，蓋木旺在卯，金炁即胎于卯，陽魂必得陰魄，其魂方有所歸，金不離木也；人但知水中有金，不知金中有木，蓋金旺在酉，木炁即胎于酉，陰魄不得陽魂，其魄將何所附，木不離金也。金木雖分爲兩弦，魂魄實并爲一體。故曰：「丹砂木精，得金乃并。」

天一生水，其象爲元武，在人屬腎中精，發竅于耳；地四生金，其象爲白虎，在人屬肺中魄，發竅于鼻。精與魄，同係乎身。故曰：「金水合處。」地二生火，其象爲朱雀，在人屬心中神，發竅于舌；天三生木，其象爲青龍，在人屬肝中魂，發竅于目。魂與神，同係乎心。故曰：「木火爲侶。」

凡人之身心，心自爲心，身自爲身，水火不交，金木間隔，所以去道日遠。學道之士，若能于二六時中，含眼光，凝耳韻，調鼻息，緘舌氣，四大不動，使精神魂魄俱聚于中宮，水火木金并交于黃道，此四者混沌之象也。就是混沌之中，能使四象合而爲一體，又有使一體分爲四象。原此木火爲侶，離中生出木液，是爲龍從火裏出；原是金水合處，坎中產出金精，是爲虎向水中生。故有「列爲龍虎」之象，張平叔所謂「四象不離二體」也。

龍生于天三之木，其數非奇乎？奇者爲陽，故稱陽龍。虎生于地四之金，其數非偶乎？偶者屬陰，故稱陰虎。此言龍虎之本體也。若五行顛倒，則龍轉作陰、虎轉作陽矣。丹道之五行，原不係于五臟，魏公恐泄天機，秘母言子，姑借身中五臟，分配五行。常道之五行，木能生火，金能生水。能生者爲父母，故有「肝青爲父，肺白爲母」之象，木三金四，一陰一陽也；所生者爲子女，故有「心赤爲女，腎黑爲子」之象，水一火二，亦一陰一陽也。

其曰「子五行始」者何？蓋天一生水，得之最先。天開于子，所以居北方正子之位，實爲五行之源，然後木、火、土、金，次第而生。故曰：「子五行始。」坤土中藏祖炁，爲金、木、水、火之所自出，故有「脾黄爲祖」之象。蓋水爲五行之源，故取始義，即吾身祖竅之一也；土爲五行之母，故取祖象，即吾身祖竅之中也。萬化歸一，一又歸之于中，于此可悟歸根復命之功矣。

肝木之魂，心火之神，兩者同出離中之心，爲本來妙有中之真空，是一物也，所謂「東三南二同成五」也；肺金之魄，腎水之精，兩者同出坎中之身，爲本來真空中之妙有，是一物也，所謂「北一西方四共之」也；坎中有戊，離中有己，合爲中土，獨而無偶，是爲真意，真意爲本來乾元祖炁，是又一物也，所謂「戊己還從生數五」也；身心兩家，本自難合，幸得真意勾引，遂混南北，并東西，相會于中黄土釜，結成一粒金丹，所謂「三家相見結嬰兒」也。蓋三物會歸爲一，而一又歸之于中，是謂歸根復命、反本還原之道。故總括之曰：「三物一家，都歸戊己。」

夫後天之身心，即先天之性命也，兩儀之象也；後天之身、心、意，即先天之元精、元炁、元神也，三才之象也；後天之真土，即先天之浮黎祖土也，太極之象也；三物歸于一家，即太極函三爲一之象也。體道至此，信乎？參天兩地，渾然天地之心矣。若能于百尺竿頭，更進一步，向未生身處，徹證本來面目，方知天地有壞，這个不壞，虛空有盡，這个無盡。噫！其孰能知之哉！

此章作者已畧露天機，註者遂盡開生面，讀者幸具隻眼，慎莫入寶山而空回，可惜也。

蒲團子按：「可惜也」，道統大成本作「可惜也」，道藏輯要本、鈔本均作「可也」。

刑德反復章第二十九

剛柔迭興，更歷分部。龍西虎東，建緯卯酉。刑德并會，相見懽喜。刑主伏殺，德主生起。二月榆落，魁臨于卯。八月麥生，天罡據酉。子南午北，

互爲綱紀。一九之數，終而復始。含元虛危，播精于子。

此章言龍虎兩弦刑德互用之奧也。

丹道以水火爲體，金木爲用，子午定南北之經，卯酉運東西之緯，參伍錯綜，方應周天璇璣之度。以造化之常道而言，天道有一陰一陽，地道有一柔一剛，兩儀既立，錯爲四象。子水居北，午火居南，卯木居東，酉金居西。從子到巳爲陽剛，行乎東南；從午到亥爲陰柔，行乎西北。分之爲十二辰，又分爲二十八宿。周天三百六十五度，各有一定之部位。惟天中斗柄一移，則子右轉，午東旋，剛反爲柔，柔反爲剛，一切倒行逆施，一定之部位到此乃無定矣。故曰：「剛柔迭興，更歷分部。」

震木爲龍，本居東方卯位；兑金爲虎，本居西方酉位。惟更歷分部，則龍反在西，虎反在卯矣。東西爲南北之緯。故曰：「龍西虎東，建緯卯酉。」

龍秉東方生氣，德之象也，惟龍轉爲西，則木氣化而從金，德反爲刑矣；虎秉西方殺氣，刑之象也，惟虎轉爲東，則金氣化而從木，刑反爲德矣。金木交并，只在一刻中，若明反覆之機，自然害裏生恩，賓主歡會。故曰：「刑德并會，相見懽喜。」

人但知刑主于殺，殊不知殺機正伏在生機中；人但知德主于生，殊不知生機正藏在殺機內。故曰：「刑主伏殺，德主生起。」

時當二月，卯木正旺，萬卉敷榮，何以榆莢忽墮？蓋卯與戌合，戌將爲西方河魁，河魁正臨卯位，生中帶殺，故有榆莢之應。此正殺機潛伏，德返爲刑之象也。時當八月，酉金正旺，百草凋謝，何以薺麥忽生？蓋辰與酉合，辰將爲東方天罡，正據酉位，殺中帶生，故有麥生之象。此正生機隱藏，刑返爲德之象也。既洞明造化之機，即知吾身之造化矣。修道者，當兩弦合體之時，必須斡運天罡，逆旋魁柄，外鎮六門，内閉丹扃，洗心沐浴，只在片時，自然刑轉爲德、殺轉爲生，兩物之性情合并爲一矣。

卯東酉西，午南子北，周天之綱紀也。丹道用斗柄逆旋，東西之緯，既已反常，南北之經，亦必易位。何以明之？一陽生于子，所以火胎在子，然坎中太陽真火，原從南方而出，今者子右轉而復歸于南；一陰生于午，所以木胎在午，然離中太陰真水，原從北方而來，今者午東旋而復歸于北。一水一火，有無交入，雖云相濟，實反其所由生也。南北互易，則周天法象無不隨之翻轉。故曰：「子南午北，互爲綱紀。」

蒲團子按：「雖云相濟，實反其所由生也」，道統大成本作「雖公相濟實及其所由生也」，據道藏輯要本、鈔本改。

後天五行逆用，全本洛書。洛書之數，始于一，終于九。北方坎位居一，乾當西北，實開其先，所以乾之一陽，寄在坎中，坎之一，即乾之始也；南方離位居九，坤位西南，實承其後，所以坤之一陰，寄在離內，離之九，即坤之終也。今也，子南午北，互易其位，則是坎更爲終，轉而成坤，離更爲始，轉而成乾。一既爲九，九復爲一，循環無端。在易爲「乾元用九，羣龍無首」之象，在丹道爲九轉之功。故曰：「一九之數，終而復始。」

天一生水，北方坎位，正值虛危之度，爲造化之根源。虛危二宿，在天當亥子中間，日月合璧之地；在人當任督之交，水火合發之處。蓋虛屬日，危屬月，即是真水真火，互藏其精，白紫清云「造化無聲，水中火起，妙在虛危穴」是也。學道之士，若能致虛守靜，迴南方離光，照入北方坎地，離中元精與坎中元炁自相含育，至于虛極靜篤，天人交應，一點真陽生在北海中，便可採作大丹之基矣。故曰：「含元虛危，播精于子。」

此言水火既濟，以產大藥，與前金木交并，原是一段工夫。蓋「子南午北，互爲綱紀」，日月之體也；「龍西虎東，建緯卯酉」，兩弦之用也。乃其合并之妙，全在互藏；生殺之機，只憑反覆。一時沐浴，頓圓和合四象之功，當與上三家相見章參看。

陰陽交感章第三十

關關雎鳩，在河之洲。窈窕淑女，君子好逑。雄不獨處，雌不孤居。玄武龜蛇，蟠虬相扶。以明牝牡，意當相須。假使二女共室，顏色甚姝。蘇秦通言，張儀結媒。發辨利舌，奮舒美辭。推心調諧，合爲夫妻。弊髮腐齒，終不相知。若藥物非種，名類不同，分劑參差，失其綱紀。雖黃帝臨鑪，太乙執火，八公擣鍊，淮南調合，立宇崇壇，玉爲階陛，麟脯鳳腊，把籍長跪。禱祀神祇，請哀諸鬼；沐浴齋戒，妄有所冀。亦猶和膠補釜，以硇涂瘡，去冷加冰，除熱用湯，飛龜舞蛇，愈見乖張。

此章言真陰真陽同類相感方成金丹大道也。

關關雎鳩，在河之洲。窈窕淑女，君子好逑。雄不獨處，雌不孤居。玄武龜蛇，蟠虬相扶。以明牝牡，意當相須。

此節言陰陽之相感，各以其類也。

一陰一陽之謂道，孔子著之繫辭；偏陰偏陽之謂疾，岐伯著之素問。蓋從上聖師，俱用真陰真陽同類之物，以超凡而入聖，所以易首乾坤，明陰陽不易之體；詩首關雎，喻陰陽交易之用。即世法而論，雎鳩匹偶，發好逑之章，一雌一雄之相應；龜蛇蟠糾，成元武之象，一牝一牡之相須也。龜蛇配北方元武，固屬坎象，雎鳩配南方朱雀，確有離象。吾身中天元地牝之所以交，坎男離女之所以合，亦何以異于是哉！若洞明世間之法，即知出世法矣。

假使二女共室，顏色甚姝。蘇秦通言，張儀結媒。發辨利舌，奮舒美辭。推心調諧，合爲夫妻。弊髮腐齒，終不相知。

此節喻言獨修一物之非道也。

在易道，坤與乾匹，離與坎匹，巽與震匹，兑與艮匹，皆是一陰一陽，各得其偶，方成交感之功。至于上火下澤，以兑遇離，兩陰相從，便名睽卦。夫子翼之曰：「二女同居，其志不同行。」可見二女共室，以陰求陰，即呈蘇張之舌，媒合爲夫婦，亦必終身不能相諧矣。「獨修一物是孤陰」，此之謂也。

若藥物非種，名類不同，分劑參差，失其綱紀。雖黃帝臨鑪，太乙執火，八公擣鍊，淮南調合，立宇崇壇，玉爲階陛，麟脯鳳腊，把籍長跪。禱祀神祇，請哀諸鬼；沐浴齋戒，妄有所冀。亦猶和膠補釜，以磠涂瘡，去冷加氷，除熱用湯，飛龜舞蛇，愈見乖張。

此節正言非同類之物，必不能和合成丹也。

何謂同類？離中命蒂，坎中性根，一陰一陽，方是真鉛真汞。世人不悟真鉛真汞產在在先天，無有形質，却去覓後天渣滓之物，三黃四神，五金八石，無所不至，是謂「藥物非種，名類不同」。即使知有藥物矣，不能知採取烹鍊之法，是謂「分劑參差，失其綱紀」。此等愚盲小人，不求真師指授，不明伏食大道，妄意鑪火僞術可以僥倖成丹，終年役役，耗損家財，兼之結壇祭鬼，禱祀求神，冀獲冥助。不知此即神聖爲之臨鑪，仙真代之擣鍊，亦必萬舉而萬敗矣。

彼外鍊之術，藥物即非真種，配合必非同類，譬之以膠補釜，以磠塗瘡，無一毫相似處。且天下冷莫如冰，熱莫如湯，龜不能飛，蛇不能舞，人所共曉也。今去冷而反加冰，除熱而轉用湯，執龜而責之飛，執蛇而強之舞，其于水火互藏之性，龜蛇相制之機，乖張愈甚，背戾可勝道哉？非種之謬，何以異此！

蓋大道不離陰陽，陰陽只是性命，性命兩者同出而異名，本無二道。在羲皇之易，爲一坎一離；老子之經，即一無一有。向上直截根源，片言可了。只因後來丹經子書，多方曲喻，轉啟濫觴之端，以致流入旁門外道。丹道有時喻之以男女，蓋言乾道成男、坤道成女，自家靈父聖母，非世間有相之男女也；有時喻之爲鉛汞，蓋言離中元精、坎中元炁，自家真鉛真汞，非世間有質之鉛汞也。奈世間貪財好色之徒，非惑于採補，即惑于燒煉。更兼所遇方士，種種揑怪，妄引丹經，欺誑末學。惑于採補者，其邪謬不可枚舉，大約認男女爲陰陽，以遂其好色之私耳；惑于燒煉者，其差別不可殫述，大約認凡砂水銀爲藥物，以遂其貪財之私耳。此等邪術異端，謗先聖之大道，斷後賢之真修，名爲學道，實則造業，其爲地獄種子無疑矣。

又有見理稍明，立志稍正者，幸不墮兩種邪術，轉而求之身心，却不知身非四大之身，乃真空中妙有也；心非肉團之心，乃妙有中真空也。身心一如，渾合無間，强名曰丹。奈學人不遇真師，昧于大道，未免妄認四大假合爲身，肉團緣影爲心。著妄身者，往往守定搬精運氣，偏于有作，病在心外覓身，而不知真空之即身，并其所守之身亦非矣；著幻心者，往往堅執坐禪入定，偏于無爲，病在身外覓心，而不知妙有之即心，并其所執之心亦僞矣。殊不知修命而不了性，壽同天地，只一愚夫；修性而不了命，萬劫陰靈，終難入聖。矧妄身幻心，并其一物，而亦非者乎？大抵各執一家，不參同類，皆所謂偏陰偏陽之疾，非一陰一陽之大道也。

魏公作參同契一書，究大易之性情，假鑪火之法象，印黃老之宗旨，無非吐露同出異名之兩物，使大地眾生，皆得以盡性致命，直超彼岸耳！但恐邪術亂正，不可不辨析；小乘失真，不可不針砭。前于「養性」末章，已諄諄言之，猶恐世人之不悟也，故于此復發明真種，破盡旁蹊曲徑，使萬世學道者，皆捨邪而歸正，去僞而即真，上與三聖演易、黃老著經，同其功用矣。

伏食成功章第三十一

維昔聖賢，懷玄抱真。伏鍊九鼎，化跡隱淪。含精養神，通德三光。精溢腠理，筋骨緻堅。眾邪辟除，正炁常存。積累長久，變形而仙。憂憫後生，好道之倫。隨旁風采，指畫古文。著爲圖籍，開示後昆。露見枝條，隱藏本根。託號諸名，覆謬眾文。學者得之，韞櫝終身。子繼父業，孫踵祖先。傳世迷惑，竟無見聞。遂使宦者不仕，農夫失耘，賈人棄貨，志士家貧。吾甚傷之，定錄此文。字約易思，事省不煩。披列其條，核實可觀。分量有數，因而

相循。故爲亂辭，孔竅其門。智者審思，用意參焉。勤而行之，夙夜不休。伏食三載，輕舉遠遊。跨火不焦，入水不濡。能存能亡，長樂無憂。道成德就，潛伏俟時。太乙乃召，移居中洲。功滿上升，膺籙受符。「勤而行之」十四句，世本誤入上篇「養性」明辨邪正章，今正之。

此章備舉伏食成功，乃參同契中篇之總結也。

維昔聖賢，懷玄抱真。伏鍊九鼎，化跡隱淪。含精養神，通德三光。精溢腠理，筋骨緻堅。眾邪辟除，正炁常存。積累長久，變形而仙。

此言古聖自度，皆由伏食而證大道也。

維昔聖賢，蓋指黃帝、老子及古來上升諸真； 懷元抱真，即守中抱一、歸根復命工夫，蓋養性之事也。既有養性之事，不可無伏鍊之功。丹道以九轉爲全功，故曰「伏鍊九鼎，化跡隱淪」者，如黃帝丹已成而鼎湖上升、老子關既出而西竺化現是也。

人之元精、元炁、元神，上應天之日月斗極，三者既全，便與三光合其德矣。故曰：「含精養神，通德三光。」黃中通理，潤達肌膚，故曰「精溢腠理，筋骨緻堅」，此形之妙也； 保合太和，性命各正，故曰「眾邪辟除，正氣常存」，此神之妙也； 九年面壁，行滿功圓，忽然超出形氣之表，號爲真人，故曰「積累長久，變形而仙」，此之謂「形神俱妙，與道合真」也。

憂憫後生，好道之倫。隨旁風采，指畫古文。著爲圖籍，開示後昆。露見枝條，隱藏本根。託號諸名，覆謬衆文。學者得之，韞櫝終身。子繼父業，孫踵祖先。傳世迷惑，竟無見聞。遂使宦者不仕，農夫失耘，賈人棄貨，志士家貧。

此節言古聖著書覺世，而後世失其意也。

古聖立心廣大，不肯作自了漢，既已自度，必思度人，不得已而著書立言，若黃帝之陰符三百字、老子之道德五千言，并諸真所傳一切丹經子書，皆因憂憫後世好道之士，不得其門而入，特爲指點性命根源，各有所依傍指畫，著爲圖籍，所以開示後人而導之入門也。但恐泄露天機，秘母言子，露其枝條，藏其本根，若三盜五賊、元牝橐籥之類，并龍虎、黃芽、金華種種異名，是謂「託號諸名，覆謬衆文」，正欲使後之學者，反覆研窮，得意而忘象耳。惜學人迷惑者多，了悟者少，又不肯虛心求師指授真詮，譬若明珠大貝，深藏櫝中，無由見面，不免貧困終身。從父到子，從祖到孫，塵塵劫劫，迷惑相因，迷而又迷，惑而又惑，竟無覺悟之期，既不識自己家珍，貧困何時得了？

是猶宦者不仕，農夫失耘，商賈之人自棄其貨，而有志之士長苦于家貧矣。此如楞嚴「衣中繫寶珠，不自知覺，求乞他方」之喻也。然此非先聖之過也。先聖著書覺世，本欲人人了悟，豈知其若此迷惑乎？所謂「江湖無礙人之心，只爲人過不得，反覺江湖爲礙；祖師無謾人之心，只爲人透不得，反怨祖師相謾」是也。若要不受謾，須求大導師。

吾甚傷之，定錄此文。字約易思，事省不煩。披列其條，核實可觀。分量有數，因而相循。故爲亂辭，孔竅其門。智者審思，用意參焉。

此節自言其祖述古聖著書覺世之意也。

後學不悟先聖大道，只因不得其門而入耳。仙翁悲憫後學，慨然著參同契一書，衍大易乾坤坎離之象，假丹家龍虎鉛汞之名，而歸本于黃帝、老子盡性至命之旨。文取簡要，故字約而易思；旨本同歸，故事省而不繁。

披列其條者，一道分爲三家，即「露見枝條」之意也；核實可觀者，三家本來一道，即「隱藏本根」之意也。然其立言之妙，露而不盡露，藏而不盡藏，銖兩分數，各有權衡，皆因古聖之文，而斟酌損益之，使學人便于探討耳。太露則恐泄天機，故必多爲亂辭；　太藏則恐閉天道，又必孔竅其門。世有明眼之士，能于三篇中反復參究，得其孔竅之所在，方知大道只在眼前。櫝中之藏，人人具足，無有富者，亦無有貧者。仙翁悲憫後學之意，洵與黃帝、老子諸上聖異世同揆，而參同一書，較之陰符三百字、道德五千言，尤爲踵事而加詳矣。

勤而行之，夙夜不休。伏食三載，輕舉遠遊。跨火不焦，入水不濡。能存能亡，長樂無憂。道成德就，潛伏俟時。太乙乃召，移居中洲。功滿上升，膺籙受符。

此節言學者究參同之奧伏食而證仙也。

大道知行并進，纔得足目雙全。始患冥然無知，既知矣，又患不行。既行矣，又患不勤。學人既得真師指授，洞明伏食宗旨，便當結侶入圜，死心鍛鍊。老子云：「上士聞道，勤而行之。」馬丹陽云：「師恩深重終難報，誓死圜牆鍊至真。」故夙夜不休，方稱勤行。

伏食之功，得丹只在一時，然立基大約須百日，結胎大約須十月，至于乳哺温養，大約必須三載，陳翠虛云「片餉工夫修便得，老成須要過三年」是也。然亦不可限定三年，視工夫之勤惰何如耳。

温養既足，聖胎始圓，可以輕舉而遠遊矣。從此法身解脱，縱横自如，火不能焚，水不能溺，或隱或現，忽去忽來。來則有相，故能存；去則無形，故能亡。去來無礙，豈不長樂無憂乎？

懷元抱真之謂道，積功累行之謂德，兩者全具，方可遊戲人間，待時升舉。故曰：「道成德就，潛伏俟時。」

風塵之外有四海，四海之中有三島，三島之中有十洲。上島曰蓬萊、方丈、瀛洲；中島曰芙蓉、閬苑、瑶池；下島曰赤城、元闢、桃源；中有一洲，曰紫府，乃太乙元君所居，勾管神仙功行之地。人若棄殼升仙，先見太乙元君，契勘功行，方得次第上升。故曰：「太乙乃召，移居中洲。」

至于功滿三千，大羅爲仙，行滿八百，大羅爲客，遂飄然上征，膺籙受符，而證無上真人之位矣。故曰：「功滿上升，膺籙受符。」

雖然，此姑假法象而言，以接引中下之流，使不落斷見耳。究而言之，中洲即是自己丹扃，太乙即是自己元神，上升即是自己天堂，膺籙受符即是復還自己乾元面目而不隨劫火飄沉者也。若洞明鍊神合虚、鍊虚合道宗旨，一切上升受符，直可等之于浮雲、付之于太空矣。此魏公不盡言之意乎！

此章雖結伏食成功，實爲中篇全文總結。蓋「御政」諸章，但陳造化法象，未及性命竅妙也；「養性」諸章，方指性命關竅，未悉作丹功用也；自「太陽流珠」以下七章，纔備舉伏食之功，或言採取，或言配合，或言烹鍊，上篇之所未悉者，到此無復餘藴矣。篇終矣，遂自述作書之意，上印古聖，下啟後賢，依而行之，立地成仙作祖，豈不確然可信哉？

此處文義，與上篇末章「吾不敢虛說，倣傚聖人文」隱然相應，其爲中篇總結無疑。世本乃移入下篇之首，誤矣。

至于「勤而行之」一段，確是此章結尾，世本誤入上篇明辨邪正之末，尤覺不倫，今特依古本正之。

下篇

一名三相類，又名補塞遺脱。此一卷計五章。

上篇、中篇各分御政、養性、伏食三段，條貫雖具，猶似散而無統，此篇特爲通其條貫，使三者類而爲一。首章陳鼎鑪之妙用；次章揭火候之全功；三章明説三道由一，方識殊途同歸源流；四章直指四象還虛，纔契先天無極宗旨；末章乃自敘其作書之意，而隱名以終焉。五章首尾相足，三相類之大義，始覺了然。前兩篇中，闕畧遺脱者，得此始無餘憾。讀者合前兩篇參觀之，庶得其條貫之所在，而不病于無統矣。

鼎鑪妙用章第三十二

圓三五，寸一分。口四八，兩寸脣。長尺二，厚薄均。腹齊三，坐垂温。陰火白，黄芽鉛。兩七聚，輔翼人。瞻理腦，定升玄。子處中，得安存。來去遊，不出門。漸成大，情性純。却歸一，還本原。善愛敬，如君臣。至一周，甚辛

勤。密防護，莫迷昏。途路遠，復幽玄。若達此，會乾坤。刀圭沾，淨魄魂。得長生，居仙村。樂道者，尋其根。審五行，定銖分。諦思之，不須論。深藏守，莫傳文。御白鶴，駕龍鱗。遊太虛，謁仙君。錄天圖，號真人。

此章雖言鼎鑪妙用，而藥物、火候已在其中，乃參同契全文之總結也。蓋金丹妙用，全在鑪鼎。識得鑪鼎，方可採取藥物。識得藥物，方可用火烹鍊。三者本同條而共貫。前兩篇中，各分御政、養性、伏食，隱藏三者在內，然文義散布，尚未歸一，故魏公特作此歌以補之。蒲團子按：「補」，道統大成本作「補」，道藏輯要本、鈔本均作「束」。

圓三五，寸一分。口四八，兩寸脣。長尺二，厚薄均。

此節顯鼎鑪之法象也。

鼎鑪之用有二：以金丹言之，離之匡廓爲懸胎鼎，坎之匡廓爲偃月鑪，中宮神室乃是人位，此小鼎鑪之法象也；以還丹言之，乾位居上爲鼎，坤位居下爲鑪，所以產藥，中宮黃庭乃是人位，此大鼎鑪之法象也。大約各有上中下三層，以應天地人三才。鼎鑪既立，兩儀四象，五行八卦，以至十二辰，二十八宿，周天三百六十五度，無不出其中矣。

鑪鼎既取法乾坤，圓以象天，方以象地。

圓以象天，圓陀之義也。圓者，徑一而圍三，本之河圖。河圖周圍無四隅，東三南二合成一五，北一西四合成一五，中央戊己自成一五，合之而三五始圓。三五環繞，同歸中央。中央虛位，不過徑寸，是天心所居之室。即在此徑寸中，分出一乾一坤，邵子所謂「天向一中分造化」也。故曰：「圓三五，寸一分。」

方以象地，方寸之義也。方者，徑一而圍四，本之洛書。洛書有四正四隅，東、南、西、北爲四正，東南、西南、東北、西北爲四隅。四正，即四象也；四正兼四隅，即八卦也。子午中分南北，即兩儀也。方寸中，開竅處有口之象；上下兩釜，分界處有脣之象。四象八卦，環布四周，應造化之四時八節。乾上坤下，平分兩儀，應造化之南北二極，即一中之所分出也。故曰：「口四八，兩寸脣。」

兩儀既分，從子到巳爲六陽，應造化之春夏，是爲進火之候；從午訖亥爲六陰，應造化之秋冬，是爲退火之候。一歲之候，即一月之候；一月之候，即一日之候。剛柔不偏，寒暑合節，即上篇所云「周旋十二節，節盡更須親」也。故曰：「長尺二，厚薄均。」

鑪鼎之用，遠取諸造化，近取諸吾身，俱屬自然法象。一切旁門，不知竅妙，妄想于身外覓取鑪鼎，不啻萬里崖山矣。

腹齊三，坐垂温。陰在上，陽下奔。首尾武，中間文。始七十，終三旬。二百六，善調匀。

此節言鑪中藥生之時，當調停火候也。方寸中間一竅，空洞無涯，有腹之象。水火二炁，一齊會到中宫，便是三家相見。當其交會之時，但坐守中黄，勿忘勿助，俟神明之自來。直待水火二炁，調燮得中，方覺温然，真種自然生育矣。故曰：「腹齊三，坐垂温。」離火本在上，然離中真水，恒欲流下而歸戊；坎水本在下，然坎中真火，恒欲奔上而就己。全賴中間真土爲之調停。故曰：「陰在上，陽下奔。」此言水火既濟，大藥將產之候。

藥在鑪中，全仗火煅。然火候有武有文。武火主烹鍊，文火主沐浴，二用天淵迥別。子時爲陰之尾、陽之首，宜進火而退水；午時爲陽之尾、陰之首，宜進水而退火：俱用武火。惟中間卯酉二時，當沐浴之會，獨用文火。一首一尾，平分坎離，調和兩家，不離中間真土。故曰：「首尾武，中間文。」

冬至一陽初動，實爲六陽之始，靜極生動，有七日來復之象，故曰「始七十」； 夏至一陰初靜，馴致六陰之終，動極歸靜，有自朔訖晦一周之象，故曰「終三旬」。始須野戰，終則守城，俱是武火用事，即所謂「首尾武」也。 三百六十日，實應周天之度。 七十、三旬，首尾除去百日，其餘二百六十日，以二百日中分陰陽。 一子一午，應冬夏二至，并一首一尾，合成三百日，恰當十月胎圓之期。 中間尚餘六十日，恰當卯酉兩月。 一卯一酉，應春秋二分，是爲沐浴之候。 故曰：「二百六，善調勻。」調勻者，不寒不暑，温温然，調和得中，即所謂「中間文」也。

要知武火烹鍊，在一南一北之交入。 文火沐浴，全在中宮内守，念不可起，意不可散。 火候妙訣，只在片刻中。 紫陽真人云「火候不用時，冬至不在子，及其沐浴法，卯酉特虛比」，此之謂也。

陰火白，黃芽鉛。 兩七聚，輔翼人。 贍理腦，定升玄。 子處中，得安存。 來去遊，不出門。 漸成大，情性純。 却歸一，還本原。

此節言金丹初結，鑪中温養之功也。

離中真汞，是爲陰火，却從乾金匡廓中化出，白中有黑之象也，故曰「陰火白」；

坎中真鉛，是爲黃芽，却從坤土胞胎中迸出，鉛中產金之象也，故曰「黃芽鉛」。

七者，火之成數。離中流珠，既稱陰火，坎中黃芽，便稱陽火。兩火會聚含育，神室中真人若輔弼羽翼然。故曰：「兩七聚，輔翼人。」

大藥初生，產在坤鑪，及其時至機動，却須上升乾鼎。乾鼎在天谷腦户中，爲百脈總會之竅，丹經所謂「若要不老，還精補腦」是也。藥生之時，須用真意以採之，徘徊上視，送之以神，令其直升天谷。故曰：「瞻理腦，定升玄。」

真種既升天谷，旋降黃庭，具體而微，狀若赤子，安處黃庭之中，優游自在，一得永得。故曰：「子處中，得安存。」

赤子安處鼎中，環匝關閉，本無去來，亦無出入，即使出入，亦不離元牝之門。故曰：「來去遊，不出門。」

其初只一黍之珠，温養既足，漸漸從微至著，充滿長大，情返爲性，純粹以精。故曰：「漸長大，情性純。」

此點真種，原從太極中來，自一分爲二，遂成兩物，二分爲三，遂成三家，又分而爲四象五行、八卦九宮之類，此降本流末、順而生物之道也；今者，兩物交并，會三爲一，以至四象五行、八卦九宮之類，無不復歸于一，此反本還原、逆則成丹之道也。

故曰：「却歸一，還本原。」此「一」字，可以貫通三教。太上云：「得其一，萬事畢。」黄庭經云：「五行相推返歸一。」以至孔子所謂「一以貫之」，釋迦所謂「萬法歸一」，總是這个。

此段俱是守中抱一、深根固蒂宗旨，蓋謂鼎中有寶，便不可闕此一段温養工夫。

善愛敬，如君臣。至一周，甚辛勤。密防護，莫迷昏。途路遠，復幽玄。若達此，會乾坤。刀圭沾，淨魄魂。得長生，居仙村。

此節言防危慮險之功也。

先天祖炁爲君，後天精炁爲臣。鼎中既得先天一炁，却藉後天精炁乳哺而環衛之。譬之臣既敬君，君亦愛臣，君臣之間，相得無間。故曰：「善愛敬，如君臣。」

丹道以九轉功完爲一周。十月結胎，三年乳哺，其間運用抽添，纖毫不可怠玩。故曰：「至一周，甚辛勤。」

元神既存丹扃，當以真意守之，密密隄防護持，須臾不可離。若真意一離本也，恐有昏迷走失之患。故曰：「密防護，莫迷昏。」蒲團子按：「一離本也」，道統大成本作「一離本也」，道藏輯要本、鈔本作「一離本地」。

元神不疾而速，不行而至，上天入地，只在頃刻間，却又杳冥恍惚，無迹可求。故曰：「途路遠，復幽元。」

丹道有兩般作用，以金丹而言，坎離一交，真種便得。若以還丹而言，必須鍊精化炁，鍊炁化神，重安鑪鼎，再造乾坤，向上更有事在。故曰：「若達此，會乾坤。」

一黍之藥，號爲刀圭。刀圭纔沾入口，陰魄盡消，陽魂亦冥。故曰：「刀圭沾，淨魄魂。」即上篇所謂「體死亡魄魂」「刀圭最爲神」也。

魂魄既淨，我之元性卓然獨存，不隨劫火飄蕩，形寄塵埃之中，神居太虛之境矣。故曰：「得長生，居仙村。」

此段俱言防護慎密之意，與前段温養功夫，聯如貫珠。

樂道者，尋其根。審五行，定銖分。諦思之，不須論。深藏守，莫傳文。御白鶴，駕龍鱗。遊太虛，謁仙君。錄天圖，號真人。

此節言脱胎神化之驗也。

道有其根，只在抱一，老子所謂「歸根復命」是也。世人一切在枝葉上搜求，離根愈甚，去道轉遥。故曰：「樂道者，尋其根。」

造化之妙，不出五行。五行有順有逆，順則成凡，世間之造化也；逆則成聖，出世之造化也。然五行顛倒之旨，最爲元奧。若銖兩分數一錯，定不結丹。故曰：「審五行，定銖分。」

丹道之秘，全在火候。從上聖師，必須心心密印。學道之士，但可心存，不得形之于口；但可默契，不得著之于文。故曰：「諦思之，不須論。深藏守，莫傳文。」

火候已足，聖胎已圓，脱胎棄殼之時，或駕白鶴，或乘火龍，翱翔太虛之表，覲禮三境至尊，從此膺籙受圖，位證大羅天仙，而有「真人」之號矣。雖然，此非外象，實内景也。龍、鶴，即自己元炁；太虛，即自己元竅；仙君，即自己元神；天圖，即浩劫以來混洞赤文真人，即未生以前本來面目。金剛經云：「凡所有相，皆是虛妄。若見諸相非相，即見如來。」釋教所謂「如來」，即吾道所謂「真人」也。學道之士，但識取真人面目，一切名象俱可存而不論矣。然「真人」之義有二：在凡夫分上，謂之法身，人人具足；在聖人分上，謂之報身，惟證乃知。究竟聖人所證之報身，即凡夫具足之法身也。雖則人人具足，只因不肯直下承當，遂致浪死虛生，輪轉六道，豈得委咎于造物乎？

此章雖陳鼎鑪妙用，而藥物、火候全具其中，乃金丹三要總結也。然必合下章觀之，方盡三相類之妙。

火候全功章第三十三

法象莫大乎天地兮，玄溝數萬里。河鼓臨星紀兮，人民皆驚駭。晷影妄前却兮，九年被凶咎。皇上覽視之兮，王者退自改。關鍵有低昂兮，害氣遂奔走。江淮之枯竭兮，水流注于海。天地之雌雄兮，徘徊子與午。寅申陰陽祖兮，出入復終始。循斗而招摇兮，執衡定元紀。升熬于甑山兮，炎火張設下。白虎倡導前兮，蒼液和于後。朱雀翱翔戲兮，飛揚色五采。遭遇羅網施兮，壓之不得舉。嗷嗷聲甚悲兮，嬰兒之慕母。顛倒就湯鑊兮，摧折傷毛羽。漏刻未過半兮，龍鱗狎鬣起。五色象炫燿兮，變化無常主。潏潏鼎沸馳兮，暴湧不休止。接連重疊累兮，犬牙相錯距。形似仲冬氷兮，闌干吐鍾乳。崔巍而雜厠兮，交積相支拄。陰陽得其配兮，淡泊而相守。青龍處房六兮，春華震東卯。白虎在昴七兮，秋芒兑西酉。朱雀在張二兮，正陽離南午。三者俱來朝兮，家屬爲親侶。本之但二物兮，末乃爲三五。三五并爲一兮，都集歸一所。治之如上科兮，日數亦取甫。先白而後黄兮，赤色達表裏。名曰第一鼎兮，食如大黍米。自然之所爲兮，非有邪僞道。山澤氣相蒸兮，興雲而爲雨。泥竭遂成塵兮，火滅化爲土。若蘗染爲黃兮，似藍成綠組。皮革煮成膠兮，麴糵化爲酒。同類易施功兮，非種難爲巧。惟斯之妙術兮，審諦不誑語。傳與億世後兮，昭然自可攷。焕若星經漢兮，昺如水宗海。思之務令熟兮，反覆視上下。千周燦彬彬兮，萬徧將可覩。神明忽告人兮，心靈乍可悟。探端索其緒兮，必得其門户。天道無適莫兮，常傳于賢者。此章世本誤在「圓三五」之前，失其次序，今特正之。

此章以周天法象喻火候之全功。雖云火候，而鑪鼎、藥物，悉具其中，乃參同契全書之亂辭也。蓋此書前二篇中，御政、養性、伏食各分三段，寓鑪鼎、藥物、火候在內。但恐文義散見迭出，終病于未圓。故魏公作圓三五章以束之。圓三五章中，多說金丹作用、温養保聚之功，其于還丹作用、交姤鍛鍊之象，尚未悉備，故緊接此章，以足其意。

法象莫大乎天地兮，玄溝數萬里。河鼓臨星紀兮，人民皆驚駭。晷影妄前却兮，九年被凶咎。皇上覽視之兮，王者退自改。關鍵有低昂兮，害氣遂奔走。江淮之枯竭兮，水流注于海。

此節言火候之功，效法天地，不可不戒慎也。

前章敷陳鑪鼎法象，既以乾鼎法天，坤鑪象地，可見人身全具一天地。天地即我一大鑪鼎也。其中造化之妙，無不合同。天之極上處，距地之極下處，八萬四千里。天中河漢爲元溝，起自丑寅尾箕之間，直至午未星柳之分，界斷天盤，不知其幾萬里。以吾身擬之，天關地軸，相去亦八萬四千里，中間即是元溝。界斷上下，有金木間隔之象。故曰：「法象莫大乎天地兮，元溝數萬里。」

河鼓共三星，中爲大將軍，左爲左將軍，右爲右將軍。有芒角主軍，鼓聲音在牛宿之北，正枕天河星紀，是十二辰中丑位，即河漢所經也。河鼓本非丑分之星，今越次臨于星紀，則是河漢之内，星宿錯亂，水害將興，未免可驚可駭。吾身子丑之交，正當陽火發生之地，若時未到而妄動，則周身精氣奔馳，百脈俱亂，豈非人民驚駭之象乎？故曰：「河鼓臨星紀兮，人民皆驚駭。」蒲團子按：「精氣奔馳」，道統大成本作「精氣奔駭」，道藏輯要本、鈔本均作「精氣奔馳」。

晷影本屬日影，此借言天星進退之度，在身中則進火退火漏刻也。進火爲前，退火爲刦，不當前而妄前，不當刦而妄刦，非太過即不及。即如二至二分，不應漏刻，而召水旱之災矣。據上文「河鼓臨星紀」，是進火失度以致水災。堯有九年之水。故曰：「晷影妄前刦兮，九年被凶咎。」九年，正應九轉法象。進火失度，一轉既差，九轉俱失，豈非莫大凶咎乎？

皇上，指上帝；王者，指人主；覽視之者，昭視其戒于人主，蓋以天變相儆，即上文所謂凶咎也；退自改者，改其前刦之失，而進退合度也。蓋皇上，喻先天之性；王者，喻後天之心。其體則一，其用則二。蓋性主無爲，寂然不動，安處神室，心主有作，感而即通，斡運天經。如此，則火候之進退，罔不中節矣。故曰：「皇上覽視之兮，王者退自改。」蒲團子按：「以天變相儆」之「儆」，道統大成本作「敞」，道藏輯要本、鈔本均作「儆」。

天道關鍵，全在南北二極。北極出地三十六度，南極入地三十六度，一低一昂之象。周天璇璣，晝夜不停，南北二極，雖主運旋，而常不離其所。是以經緯順序，害氣不生。吾身天關地軸，一低一昂，正應南北二極。運火之時，須要關鍵牢密，是爲天關在手，地軸由心。到此，周身陰氣，自然剝落無餘矣。故曰：「關鍵有低昂兮，害氣遂奔走。」蒲團子按：「地軸由心」，道統大成本作「地軸由心」，道藏輯要本、鈔本均作「地軸形心」。

天一生水，瀰漫大地，賴有巨海，爲之歸宿，方免泛濫之災。凡人一身内外，莫非陰滓，即衆水所流注也。崑崙之巔，有元海焉，爲衆水之所朝宗。惟南北二極，關鍵既密，促百脈以歸元，自然炁歸元海，若江淮之朝宗于海，而不至泛濫矣。故曰：「江淮之枯竭兮，水流注于海。」

此段首以天上元溝喻鑪鼎之法象。繼以天星行度喻火候之準則，失度則召洪水之災，得宜則獲歸元之慶。一得一失，火候于是可準，乃通章挈領處。

天地之雌雄兮，徘徊子與午。寅申陰陽祖兮，出入復終始。循斗而招摇兮，執衡定元紀。

此節言坎離交姤，配合之法象也。

子爲六陽之首，應乎冬至；午爲六陰之首，應乎夏至。子午二候，一陰一陽，南北互爲綱紀，正水火交會之地。日月到此，必徘徊而不遽進退。所以太陽當中天，古人謂之停午，即徘徊之意也。丹道水火升降，只在子午二候。坎中真火上升，一陽初復，陽炁尚微，宜閉關以養潛龍之萌；離中真水下降，一陰來姤，陰炁初萌，宜係梶以防履霜之漸。造化之妙，全在午後子前，亦當以真意徘徊其間。故曰：「天地之雌雄兮，徘徊子與午。」

陽火雖胎在子，到寅方生；陰水雖胎在午，到申方生。太陽得火之精，故出于寅而没于申；太陰得水之精，故出于申而没于寅。可見寅申是陰陽之祖鄉、造化出入之門户也。丹道亦然。坎中一陽，雖復于子，直到寅位，真火纔得出地；離中一陰，雖姤于午，直到申位，真水纔得長生。一出一入，終而復始，方見真陰真陽同出異名之宗祖。故曰：「寅申陰陽祖兮，出入復終始。」

招摇一星，在梗河之北，有芒角。芒角一動，便主兵革。北斗第五星名衡，即斗柄也，主布政天中，臨制四方。或指子午，或指寅申，以定木金水火之位，以分春秋冬夏之時。招摇本不妄動，惟循斗杓而動，則動必應時，不失其紀。丹道法天，全仗天心斡運、斗柄推遷。天心居北極之中，兀然不動，惟視斗杓所指。斗杓指于子午，則水火爲之徘徊；指于寅申，則金木于是交并。亦猶招摇之循斗而動以定周天之綱紀也。故曰：「循斗而招摇兮，執衡定元紀。」

此段言水火之所以交，金木之所以并，全仗斗柄斡旋，蓋坎離交姤之初功也。坎離配合，真種乃生，至一陽初動，斗柄建子，然後可加烹鍊之功矣。

升熬于甑山兮，炎火張設下。白虎倡導前兮，蒼液和于後。朱雀翱翔戲兮，飛揚色五采。遭遇羅網施兮，壓之不得舉。嗷嗷聲甚悲兮，嬰兒之慕母。顛倒就湯鑊兮，摧折傷毛羽。漏刻未過半兮，龍鱗狎鬣起。五色象炫燿兮，變化無常主。潏潏鼎沸馳兮，暴湧不休止。接連重疊累兮，犬牙相錯距。形似仲冬冰兮，闌干吐鍾乳。崔巍而雜厠兮，交積相支拄。陰陽得其配兮，淡泊而相守。

此節言乾坤交姤鍛錬之法象也。

前面坎離交姤，真種已生，再加配合之功，金丹大藥，養在坤鑪中，故謂之「熬」，即上篇所謂「熬樞」也。鑪中温養已足，一陽初動，正子時到，急發火以應之，必須猛烹極錬，加以吸舐撮閉之功，逼出鑪中金液，令之上升。趁此火力，駕動河車，自尾閭穴，逆流上崑崙頂，有升熬甑山之象。翠虛篇云「子時氣到尾閭關，夾脊河車透甑山」，此之謂也。故曰：「升熬于甑山兮，炎火張設下。」

西方金精爲白虎，東方木液爲蒼龍，龍陽主倡，虎陰主和。今者，虎轉在前作倡，龍轉在後作和，此皆五行逆旋、陰陽顛倒之象。故曰：「白虎倡導前兮，蒼液和于後。」此乃大交時，塞兑閉户，吹音吸神，作用與前面坎離交姤迥別。細辨之。

朱雀是南方火精，位鎮離宮，即上文所云「炎火」也。其性飛揚不定，一遇前塵，幻色相感，即翱翔而去，不可控制。故曰：「朱雀翱翔戲兮，飛揚色五采。」

朱雀本性，極其飛揚飄舉，一切不能制之，惟一見北方元武，方纔束手受制。乾坤交姤之時，火從下升，水從上降，元武擒定朱雀，互相鈐束，抵死不放，如遭羅網壓住，不能舉翼矣。故曰：「遭遇羅網施兮，壓之不得舉。」

火本炎上之物，一時被水壓住，其性情急欲升騰，有如失母嬰兒，悲鳴哀慕，其聲嗷嗷。故曰：「嗷嗷聲甚悲兮，嬰兒之慕母。」

火騰水降，主賓顛倒，朱雀之與元武，相吞相啗，一時閉在鼎中，無由復出。譬若毛羽摧折，永不復飛揚矣。故曰：「顛倒就湯鑊兮，摧折傷毛羽。」

水火既相擒制，龍虎亦必降伏，金木水火四象攢聚鼎中，固濟不泄，只消片刻之間，結而成丹。鼎中既備五行之氣，變化自生，如神龍行空，鱗動鬣揚，五色炫燿，變化之象，不可名狀。故曰：「漏刻未過半兮，龍鱗狎鬣起。五色象炫燿兮，變化無常主。」

當其升熬于鼎之際，龍爭虎鬭，撼動乾坤，霎時金晶貫頂，銀浪滔天，若甑中蒸飯將熟，鼎內之水百沸不休，滂沱四湧。故曰：「潏潏鼎沸馳兮，暴湧不休止。」

正當沸馳不止，再加火力以足之，接連重疊，相繼薰蒸，直到火足氣圓，鼎中真炁自然絪縕充滿，若犬牙之相錯矣。故曰：「接連重疊累兮，犬牙相錯距。」

交姤既畢，金鼎湯溫，玉爐火散，一點落于黃庭，先液而後凝，漸凝漸結，凝而至堅，有如仲冬之氷，又如闌干石中迸出鍾乳。故曰：「形似仲冬氷兮，闌干吐鍾乳。」

鼎中真液，一炁循環，輕清者凝于泥丸，重濁者歸于炁穴，有崔巍而雜厠之象。真種既凝，無質生質，有交積支拄之象。故曰：「崔巍而雜厠兮，交積相支拄。」

以上俱一時得藥成丹法象。蓋因乾坤大交之時，真陰真陽，匹配無差，故有如上之證驗也。從此罷戰守城，全用文火，勿忘勿助，靜守中黃，所謂「送歸土釜牢封固」是也。故曰：「陰陽得其配兮，淡泊而相守。」

此段是乾坤交姤一時事。前面言鍛鍊之法，中間言結聚之象，末了言溫養之功，乃是通章關鍵處。

青龍處房六兮，春華震東卯。白虎在昴七兮，秋芒兌西酉。朱雀在張二兮，正陽離南午。三者俱來朝兮，家屬爲親侶。本之但二物兮，末乃爲三五。三五并爲一兮，都集歸一所。治之如上科兮，日數亦取甫。先白而後黃兮，赤色達表裏。名曰第一鼎兮，食如大黍米。

此節言四象五行并而歸一，乃結丹之法象也。

前面大交之時，青龍、白虎、朱雀三家俱顛倒逆旋，此則復還其本位矣。

青龍本位在東，東方房宿屬木，數應八，而云「房六」者，蓋六爲水之成數，木生在亥，木液原從坎水中流出，即入藥鏡所云「鉛龍」也。東方之龍，于時爲春，于卦爲震，于辰爲卯。木旺在卯，草木發而爲華。故曰：「青龍處房六兮，春華震東卯。」

白虎本位在西，西方昴宿屬金，數應九，而云「昴七」者，蓋七爲火之成數，金生在巳，金精原從離火中煅出，即入藥鏡所謂「汞虎」也。西方之虎，于時爲秋，于卦爲兑，于辰爲酉。金旺在酉，穀實結而生芒。故曰：「白虎在昴七兮，秋芒兑西酉。」

朱雀正位在南，南方張宿屬火，二即火之生數也。南方朱雀，于時爲夏，于卦爲離，于辰爲午。火旺在午，能燔木而鎔金。故曰：「朱雀在張二兮，正陽離南午。」

交會之時，一東一西一南，俱來朝拱天心北極，三家會成一家，異骨成親，忻樂太平。故曰：「三者俱來朝兮，家屬爲親侶。」

此處木、金、火三象，正與前段相應，前後俱不及元武者，蓋元武本位在北，上直斗樞，三者既朝拱北極，則元武在其中矣，即中篇九還七返八歸六居之意也。本是真陰真陽相配，然一龍一虎，并南方之火，便成三家。木與火爲侶，金與水爲朋，并中央之土，便成五行。究其根株，只是兩物，化出枝條，乃爲三家、爲五行，合成三五十五之數。故曰：「本之但二物兮，末乃爲三五。」

其初自本而之末，原從一个根株上化出，一分爲二，二分爲三，三分爲五，是爲常道之順。其究自末而返本，還從一个根株收來，五返爲三，三返爲二，二返爲一，是爲丹道之逆。故曰：「三五并爲一兮，都集歸一所。」

并爲一者，一是先天一炁，指真種也；歸一所者，所是中央正位，指黄庭也。三五爲一，乃是從上聖師心心相印，如科條之不可違。依此修治，決定成丹。但非一日之功，日積月累，方得成就。仍取第一轉時，最初一點真種爲根基。故曰：「治之如上科兮，日數亦取甫。」

日數者，三載伏食之功；甫者，始也，指第一轉起手處。丹之初結，本是乾金，更加種在乾宫，其色純白，及至落到黄庭，送歸土釜，以坤母之氣含育之，漸漸變成黄色。徹始徹終，取南方離火煅煉而成其色，赫然而赤，乃稱還丹。故曰：「先白而後黄兮，赤色達表裏。」

丹以一轉應一鼎，九鼎應九轉。然一轉之中，即具九轉，故九鼎之功，全在第一鼎。乾坤交姤之後，加以沐浴温養，鼎中黍珠自結矣。度人經云「元始懸一寶珠，大如黍米，在空元之中，天人仰看，惟見勃勃從珠口中入」，即此旨也。故曰：「名曰第一鼎兮，食如大黍米。」

此段言四象五行并而歸一，乃結丹之證驗。

自然之所爲兮，非有邪僞道。山澤氣相蒸兮，興雲而爲雨。泥竭遂成塵兮，火滅化爲土。若蘗染爲黃兮，似藍成綠組。皮革煮成膠兮，麯蘗化爲酒。同類易施功兮，非種難爲巧。

此節言還丹成功本出自然之道也。

如上交姤結丹，一切作用，總是真陰真陽，自相匹配，以返我先天虛無一炁耳。雖云有作，實則無爲，俱出天機自然，非若旁門小術搬運採補種種揑怪以欺世而惑衆，即太上所謂「道法自然」也。故曰：「自然之所爲兮，非有邪僞道。」

丹道自然之妙，與造化人事，無不合符。二氣交感薰蒸，化成真液，猶之山澤通氣，自然蒸而爲雲，洽而爲雨。故曰：「山澤炁相蒸兮，興雲而爲雨。」

泥性重滯，似與塵非類，及乎暴乾枯竭，自然化而爲塵矣；火性飛揚，似與土非類，及乎煙消熖冷，自然化而爲土矣。至如蘗色本黃，染采自然成黃；藍色本綠，染組自然成綠； 皮革者，膠之所自出，自然煮而成膠； 麯櫱者，酒之所藏，自然釀而成酒。 此皆係同類之物，各歸其元，故功化自然，不犯纖毫造作。 還丹亦然。 坎中真火，本出于乾，其性恒欲上歸于乾； 離中真水，本出于坤，其性恒欲下歸于坤。 且龍吟則雲自起，虎嘯則風自生，二氣相感，各從其類，安得不靈？ 所謂「欲作伏食仙，宜以同類者」，豈孤陰寡陽、一切非類者可比哉？ 故曰：「同類易施功兮，非種難爲巧。」

此段言丹道成功之由，只在「自然」二字，其自然之妙，又只在「同類」二字。 惟真種本來同類，故交感出于自然，不可不知。

惟斯之妙術兮，審諦不誑語。 傳與億世後兮，昭然自可攷。 煥若星經漢兮，昺如水宗海。 思之務令熟兮，反覆視上下。 千周燦彬彬兮，萬徧將可覩。 神明忽告人兮，心靈乍可悟。 探端索其緒兮，必得其門户。 天道無適莫兮，常傳于賢者。

此節乃通章之結尾也。

言此同類相求、自然交感之妙道，係從上聖師心印，潛行密證，并無一字虛設。 故曰：「惟斯之妙術兮，審諦不誑語。」

大道無古今，無前後，千百世以上，千百世以下，此心此理，無不合同。讀其書即如親見其人。故曰：「傳與億世後兮，昭然自可考。」

火候之秘，備載此書，在天應星，如眾星之經歷河漢；在地應潮，如眾水之朝宗大海。毫髮不差，涓滴無漏。故曰：「煥若星經漢兮，昺如水宗海。」此兩句又與上文「河鼓星紀」「江淮注海」等句遥應。篇中火候，學者不但口誦，須要心惟。不但心惟，須要身體。

身中陽火陰符，時時周流反覆，刻刻升降上下。惟不視以目，而視以神，斯得之矣。故曰：「思之務令熟兮，反覆視上下。」

上下反覆，循環不停。始于一周，究竟直到千周；始于一徧，究竟直到萬徧。所謂「常轉如是，經千百億卷，非但一卷兩卷」是也。故曰：「千周燦彬彬兮，萬徧將可覩。」

管子曰：「思之思之，又重思之，思之不得，鬼神將通之。」尋常參究之功，皆當如是。矧此火記靈文，不視以目，而視以神乎？千周萬徧之餘，心靈忽爾開悟，慧性自然朗徹，世出世間之事，無不洞明，若鬼神之來告矣。故曰：「神明忽告人兮，心靈乍自悟。」

金丹大道，有端有緒，有門有户。真陰真陽，同類相感，此其端緒也；坎離會而產藥，乾坤交而結丹，一内一外，兩般作用，此其門户也。後學能探之索之，端緒既得，庶可以窺大道之門户矣。故曰：「探端索其緒兮，必得其門户。」此處「門户」二字，正與第一章「乾坤者，易之門户」首尾相應。

此事本人人俱足，个个圓成，然大道萬劫一傳，必須擇人而授。遇人不傳，有閉天道之愆；傳非其人，又有泄天寶之譴。必也，忠孝淨明仁慈剛直之士，更能割捨世間恩愛，擺脱一切塵勞，纔承當得此道起，所謂「有聖賢之心，方可行神仙之事」也。故曰：「天道無適莫兮，常傳于賢者。」仙翁既備述火候之要，篇中丁寧反覆，惓惓于擇人而授，乃見至廣至慎之心矣。

此章雖述火候法象，實所以結括全書，蓋前章是全書總結，此則其亂辭也。二章首尾相足，御政、養性、伏食三家要旨，悉在其中，段段可以印證，正所謂三相類也。明眼者自當知之。

三道由一章第三十四

參同契者，敷陳梗概。不能純一，泛濫而說。纖微未備，闕畧髣髴。今更撰錄，補塞遺脱。潤色幽深，鈎援相逮。旨意等齊，所趨不悖。故復作此，命三相類，則大易之性情盡矣。大易情性，各如其度。黃老用究，較而可御。鑪火之事，真有所據。三道由一，俱出徑路。枝莖花葉，果實垂布。正在根株，不失其素。誠心所言，審而不誤。

此章言御政、養性、伏食三者殊途同歸、本出一道也。

參同契者，敷陳梗概。不能純一，泛濫而說。纖微未備，闕略髣髴。今更撰錄，補塞遺脱。潤色幽深，鈎援相逮。旨意等齊，所趨不悖。故復作此，命三相類，則大易之性情盡矣。

此言三道由一之原委也。

參同契一書，原本河、洛，敷陳羲象，蓋示人以先天心易也。然必本黃老宗旨，假鑪火法象，三家相參，同歸于一，方契盡性至命之大道。但前兩篇，于一道中，鑿然分出三家，未免文義參差，綱宗隱覆，所以復作下篇，特發相類之意，即鑪鼎妙用、火候全功兩章，已通其條貫矣。三道由一之旨，尚未剖露。魏公復言，參同契中前兩篇正文，不過敷陳梗概，未能純一，且多泛濫之辭，而纖微旨趣，往往闕畧未畧，此補塞遺脱之章，所以不能已于撰錄也。故于前面正文中，幽深者潤色之，散布者鈎援之，庶乎三家宗旨歸于一，而趨向不至于悖謬耳。

然則御政也，養性也，伏食也，總括之則曰「三相類」，一言以蔽之，則曰「大易性情」而已。蓋日月爲易，只是坎離二物，一陰一陽，一性一情，究不過「身」「心」兩字。更能以中黃真意和合身心，兩者歸中，便足冒天下之道。黃老之所養，養此而已；鑪火之所鍊，鍊此而已。此其所以爲三相類也。此三相類之所以爲參同契也。

觀鑪鼎章中，但言鑪鼎，而藥物、火候已自畢舉，火候章中，但言火候，而藥物、鑪鼎亦復全該，即知三相類之大旨矣。

大易情性，各如其度。黃老用究，較而可御。鑪火之事，真有所據。三道由一，俱出徑路。枝莖花葉，果實垂布。正在根株，不失其素。誠心所言，審而不誤。

此節正言三道之歸之于一也。

世人但見參同契中，篇分三段，界開御政、養性、伏食，便以爲真有此三家。說到大易，便認作常道陰陽，流入採補；說到養性，却認做肉團身心，泥定存守；說到鑪火，又認做伏砂乾汞，流入燒煉。三家相執，各不相通，真是萬古長夜，一部參同契，沉埋九地，不見天日者，千四五百年矣。天不愛道，今爲剖而明之。

所謂「大易性情」，正指坎離二物也。日月爲易，真精互藏，「情」「性」二字，即一金一木也，一水一火也，一魂一魄也，一龍一虎也，一男一女也，其實則一身一心也。身心兩者，天然配合，打成一片，豈非金丹之藥物乎？故曰：「大易情性，各如其度。」

所云「黃老養性」，似言黃帝、老子清淨無爲之旨，不知頭有九宮，黃庭在中，爲中央黃老君之所居，黃庭經云「中部老君治明堂」是也。黃庭即係中黃正位，或名神德居，或名道舍廬，或名大淵，或名規中，大約是先天祖竅。識得祖竅，元神方有所歸，便知養性之用，其用全賴真意。得此真意，和合身心，把柄在手，豈非金丹之鑪鼎乎？故曰：「黃老用究，較而可御。」

至于鑪火之事，假外象以喻内功也。藥物既入鑪中，即當用火煅煉，或配之爲龍虎，或配之爲汞鉛，或配之爲流珠金華、黃芽奼女種種異名，仍是身心兩物。以兩物相制而言，謂之伏；以兩物交并而言，謂之食。仍是以真意和合身心耳。一伏一食，乃成金丹。鑪火之事，其理確然可據，豈非金丹之火候乎？故曰：「鑪火之事，真有所據。」

有藥物，不可無鼎鑪。有鼎鑪，不可無火候。三者同條共貫，舉其一即三者全具。雖分三段，其用未嘗不合。要知篇中所舉藥物種種異名，即一物也；鑪鼎種種異名，即一處也；火候種種異名，即一時也。若明此一物，方知蠢動含靈，總是一物；若明此一處，方知山河大地，總在一處；若明此一時，方知元會運世，只此一時。蓋一物即一處，一處即一時，一時即一物也。此之謂「會三歸一」，此之謂「得其一，萬事畢」。故曰：「三道由一，俱出徑路。」

本來原是一道，析之却成三條。譬如草木之類，至春而抽莖發枝，至夏而開花布葉，至秋而結果成實。究其發生之源，只在一點根株。直到窮冬之際，剝落歸根，方顯碩果生生之妙。故曰：「枝莖華葉，果實垂布。正在根株，不失其素。」素即太素之素，返本還原之意也。

夫由一道發爲三條，有「枝莖花果」之象，即所謂「露見枝條」也；由三條復歸一道，有「正在根株」之象，即所謂「隱藏本根」也。前兩篇各分三段，雖似枝條，然根株之一，未嘗不貫其中。但言者既出一片誠心，讀者必須再三詳審，直到萬徧千周，神明忽告，方知三道之果出于一，庶不爲旁門所賺誤耳。故曰：「誠心所言，審而不誤。」

此章是三相類之關鍵處，魏公恐人錯認一道爲三條，又恐人錯認三條不是一道，特爲指出直截根源，歸重「正在根株」二句。究竟根株是何物？一陽初動，見天地心。造化之妙，具在其中。此三道之所以殊途同歸，而參同契之一言可蔽者也。故緊接「象彼仲冬節」章。按世本，此章有五相類圖，牽合河圖，五位相得而各有合，起于彭曉諸家，因之牢不可破。細推魏公此章本旨，明明說御政、養性、伏食三道由一，乃三相類，非五相類也。蓋東三南二，合成一家；北一西四，合成一家；中央五十，自成一家。舉三相類，則五位相得有合之妙，已在其中矣，何必添蛇足乎？矧三道由一，不但貫徹前後數章，寔係全書關鍵所在，豈更有別義可攙入乎？且其所謂浮左沉右、世金世銀等說，一切傅會，流入鑪火旁門，與全書大義，相背之極，其于前後血脈，尤爲不貫。參校古本，并無此圖，乃知是彭曉杜撰添入，非魏公本文也，特削之。

四象歸根章第三十五

象彼仲冬節，草木皆摧傷。佐陽詰商旅，人君深自藏。象時順節令，閉口不用談。天道甚浩蕩，太元無形容。虛寂不可覩，匡廓以消亡。謬誤失事緒，言還自敗傷。別序斯四象，以曉後生盲。

此節言四象混合，復歸無極，直示人以無上至真之道也。

世人但知後天四象，不知有先天四象。乾坤坎離，便是後天四象。四者混沌，復返虛無，方是先天四象。後天四象，有形有名，言之可得而盡也，正所謂「枝莖華葉」也；先天四象，無形無名，言之所不得而盡也，正所謂「根株」也。一部參同契，處處發揮乾坤坎離，幾于盡言盡意矣。魏公恐人登枝亡本，故于篇末，特示人以無文之言、無象之意。從上章「正在根株，不失其素」來。

蓋世間一切草木，枝莖長于初春，花葉敷于盛夏，果實結于正秋，三者雖具，尚未歸根，直到仲冬之時，天地閉塞，重陰沍寒，所有枝莖花果之類，剝落無餘，但剩一根株耳。在造化，爲藏用之會；在吾身，即歸根復命之時也。故曰：「象彼仲冬節，草木皆摧傷。」

一陽初動，萬物未生，雖動而未離乎靜，邵子所謂「一動一靜之間，天地人之至妙至妙」者也。此時，一點天地之心，深藏九淵，關鍵牢密，內者不出，外者不入，即「至日閉關，商旅不行，后不省方」之象。故曰：「佐陽詰商旅，人君深自藏。」

商旅馳逐喜動，喻耳目之發用；人君端拱無爲，喻真人之退藏。真人潛處深淵，不出不入，一切馳求之念，永息而不復起，若商旅之被詰，而不敢行矣。閉關之象，所以應冬至之時，雖動而不離乎靜，順其節令之自然也。此時但當閉塞其兑，抱一守中，豈可犯多言數窮之戒乎？故曰：「象時順節令，閉口不用談。」

金丹大道，與天道同其造化。天道有元亨利貞，循環無端，浩浩淵淵，莫可窮究。元亨主發育，爲造化之出機，所謂「顯諸仁」也；利貞主歸藏，爲造化之入機，所謂「藏諸用」也。當其歸藏之時，上無復色，下無復淵，迎之無首，隨之無尾，所謂「元冥難測，不可畫圖」者也。故曰：「天道甚浩蕩，太元無形容。」

天地爲太虛之真胎，日月爲太虛之真息，時當仲冬，亥子之交，天地媾精，日月撢持，日月之真息藏于天地真胎中，不可見，不可聞，璇璣停輪，復返混沌。此時也，無天也，無地也，無日也，無月也，無乾坤門户也，無坎離匡廓，消歸一片太虛，是爲真空，是爲妙有，是爲羲皇未畫之易，是爲老子無名之道，是爲上天之載，無聲無臭，是爲威音以前本來面目。故曰：「虛寂不可覩，匡廓以消亡。」

夫混沌中之天地，即一乾一坤也；混沌中之日月，即一坎一離也。無象之象，乃是真象；無言之言，乃是至言。明眼者，從此參取先天心易，直可不設一象、不煩一言矣。然此道，惟上根利器，觸着便會，其餘中下之流，但知有象之易，豈知無象之易乎？但知有形有名之乾坤坎離，豈知無形無名之乾坤坎離乎？若閉口不談，誠恐儱統顢頇，以致差別未明，作用未究，令後學一切謬誤，何所證據？若妄生支節，又恐頭上安頭，騎驢覓驢，令後學一切穿鑿，未免反傷其根本。故曰：「謬誤失事緒，言還自敗傷。」

于此反覆思維，不得已而篇分三段，段分各章，分別而次序之。曰此乾坤門户也，此坎離匡廓也，此乾坤鑪鼎也，此坎離藥物也，此所謂大易性情也。會而通之，則黄老之所養，亦此乾坤坎離也； 鑪火之所鍊，亦此乾坤坎離也。無非爲盲夫指路，費盡周折。若爲明眼者説，不煩種種分別矣。故曰：「別序斯四象，以曉後生盲。」然既云四象，即非根株矣； 既云別序，即是根株之破而爲枝莖花葉矣。豈若混沌忘言之爲至妙至妙哉？

此章是參同契中最後丁寧之辭，極爲喫緊。但從來謬誤頗多，不可不辨。陳顯微註本，移此一節在「太陽流珠」章「子當右轉，午乃東旋」之前，以下文子午卯酉應四象。俞玉吾註本，又移在「仲尼讚鴻濛」章「陽氣索滅藏」之下，以下文七八九六應四象。殊不知子午卯酉、七八九六，俱屬後天有形有名之四象，與深藏閉口、匡廓消亡之義，有何干涉乎？陳觀吾註本，序次庶不大差，却又連上「大易性情」爲一章，不知上章明説三道，此章明説四象，文雖相承，義則迥別，豈可混而爲一？諸公于文義章句，尚未融會，敢云得作者之意乎？蓋參同契全文，無處不發明四象。然四象既有形有名，已落第二義，恐後學採其枝葉，忘其根本，先天心易，幾乎息矣。魏公故于絕筆之餘，直指混沌歸根最上一乘之道。蓋遡四象而歸兩儀，遡兩儀而歸太極，即太極而返無極也。或云太元，或云虚寂，或云深藏，或云匡廓消亡，層見迭出，總是發明返本還原未生以前消息。得此消息，方知筆未下時，原有一部參同契在天地間。乾坤坎離觸處，昭布森列，開眼即見，閉眼亦未嘗不見，傾耳即聞，塞耳亦未嘗不聞。道德經所謂「有物混成，先天地生」者，此也；繫辭傳所謂「神無方而易無體」者，此也；邵子所謂「畫前原有易」者，此也；周子所謂「太極本無極」者，此也。不特此也，仲尼一生删定讚修，不遺餘力，却云「予欲無言，天何言哉」，豈非「言還自敗傷」之旨乎？釋迦說法四十九年，却云并未曾說一字，末了傳衣只傳得一个拈花公案，豈非「閉口不用談」之意乎？又何疑于參同契乎？祖師著書立象，本欲曉後生之盲，無奈千四五百年來，書雖傳，而盲者如故。或妄援大易之陰陽而爲採補，或錯認黃老之養性而爲獨修，或傳會鑪火之伏食而爲燒煉。一盲引衆盲，相將入火炕，縱遇真師指點，仍冥然不信。哀哉！祖師于絕筆之餘，惓惓欲結舌忘言，蓋逆知後世之多盲夫矣。

此參同中末後全提之句也，誰肯泄露到此？信乎！天不愛道矣，讀者請具隻眼，庶不空過。

自敘啟後章第三十六

鄶國鄙夫，幽谷朽生。挾懷朴素，不樂權榮。棲遲僻陋，忽畧利名。執守恬淡，希時安寧。晏然閒居，乃撰斯文。歌敘大易，三聖遺言。察其旨趣，一統共論。務在順理，宣耀精神。神化流通，四海和平。表以爲歷，萬世可循。序以御政，行之不煩。引內養性，黃老自然。含德之厚，歸根返元。近在我心，不離己身。抱一毋捨，可以長存。配以伏食，雌雄設陳。挺除武都，八石棄捐。審用成物，世俗所珍。羅列三條，枝莖相連。同出異名，皆由一門。非徒累句，諧偶斯文。殆有其真，礫硌可觀。使予敷僞，却被贅愆。命參同契，微覽其端。辭寡道大，後嗣宜遵。委時去害，依托邱山。循遊寥廓，與鬼爲隣。化形而仙，淪寂無聲。百世以下，遨遊人間。敷陳羽翮，東西南傾。湯遭厄際，水旱隔并。柯葉萎黃，失其華榮。吉人乘負，安穩長生。

此章魏公自敘其作書之意，兼隱名以俟後世也。

鄶國鄙夫，幽谷朽生。挾懷朴素，不樂權榮。棲遲僻陋，忽畧利名。執守恬淡，希時安寧。晏然閒居，乃撰斯文。

此節魏公自言其隱處著書之意也。

按列仙傳，真人魏伯陽者，會稽上虞人也，世襲簪裾，惟公不仕，修真潛默，養志虛無，博贍文辭，兼通緯候，恬淡守素，惟道是從，每視軒冕如糠粃焉。從陰長生真人，得受金丹大道，依法伏鍊成真，乃約周易撰參同契三篇。此處自敘一段，與傳中所稱引，大畧髣髴，蓋實錄也。魏公本會稽人，而託言古鄶國，殆亦隱文耳。

歌敘大易，三聖遺言。察其旨趣，一統共論。務在順理，宣耀精神。神化流通，四海和平。表以為歷，萬世可循。序以御政，行之不煩。

此節言參同契一書原本大易，即御政之旨也。

蓋易更三聖，畫卦、繫辭、作翼，無非示人以盡性致命之功。魏公察其旨趣之所在，外參造化，內印身心，統括而究論之，不出坎離二用，其體為性命，其用則為精神。性命之理既順，精神之用方全。故曰：「務在順理，宣耀精神。」窮神知化，易之妙也。惟一故神，惟兩故化。以此治心，則神化藏于中黃，而有通理之驗；以此治世，則神化布于四海，而著和平之功。故曰：「神化流通，四海和平。」

子南午北，互為綱紀，建緯卯酉，璇璣循環，即歷法之祖也。故曰：「表以為歷，萬世可循。」

君主無為，臣主有為，明堂布政，國無害道，即治世之準也。故曰：「序以御政，行之不煩。」

蓋易道便是治道，治道便是丹道，內聖外王，一以貫之。此段專結御政宗旨，即所謂「大易性情，各如其度」也。

引內養性，黃老自然。含德之厚，歸根返元。近在我心，不離己身。抱一毋捨，可以長存。

此節言養性自然之旨也。

以外象言之，清淨無爲之道，本諸黃帝、老子；以內象言之，人身九宮之中有丹扃，黃庭爲中央黃老君之所治，內藏祖性，天真自然，所謂養性者，養此而已。故曰：「引內養性，黃老自然。」

祖性即上德也，本來無喪無得，不減不增，學人若洞明此性，當下可以歸根復命、返本還原。故曰：「含德之厚，歸根返元。」

祖性本是一體，分爲兩用，便屬身心二物。但心非肉團之心，即本來妙有中真空；身非四大之身，即本來真空中妙有。此兩者，人人具足，一切修證，不離當體。故曰：「近在我心，不離己身。」

祖竅是真中，身心兩家，會歸祖竅，便是真一。人能守中抱一，須臾弗離，則長生久視之道得矣。故曰：「抱一毋捨，可以長存。」

此段專結養性宗旨，即所謂「黃老用究，較而可御」也。

配以伏食，雌雄設陳。挺除武都，八石棄捐。審用成物，世俗所珍。

此節言鑪火伏食之旨也。

以內象言之，本是真性真命，一陰一陽之大道；以外象配之，喻爲真鉛真汞，一雌一雄之兩物；以魂魄相制而言，則謂之伏；以龍虎相吞而言，則謂之食：乃是金液還丹作用，迥非旁門所謂服食也。故曰：「配以伏食，雌雄設陳。」

世人聞說鑪火，定猜作五金八石；聞說雌雄，定認作雌黃、雄黃。不知此皆有形有質後天渣滓之物，真人所除棄而不用者也。故曰：「挺除武都，八石棄捐。」

既已棄捐矣，何故配以伏食？良以燒鉛乾汞，點銅成金，從來有此方術。世俗貴術而不貴道，往往于此極其珍重。祖師再三審度，知世俗所最珍重者，黃白之物，故借假說真，寓言金丹伏食之妙用，則信從者眾矣。故曰：「審用成物，世俗所珍。」

武都在涼州西數千里，產雌黃、雄黃。魏公言，我之所謂雌雄設陳，非武都所產之物也。悟真篇云「休鍊三黃及四神」，即此意。

此段專結伏食功用，即所謂「鑪火之事，真有所據」也。

羅列三條，枝莖相連。同出異名，皆由一門。非徒累句，諧偶斯文。殆有其真，礫硌可觀。使予敷僞，却被贅愆。命參同契，微覽其端。辭寡道大，後嗣宜遵。

此章總結三道由一，乃參同契之所以得名也。

蓋大易性情，隱藏坎離藥物；黃老養性，隱藏中黃鑪鼎；鑪火伏食，隱藏鍛鍊火候。露其枝條，藏却根本，究而言之，即身、心、意之三家也，亦即精、氣、神之三元也。枝莖雖列三條，根本實爲一致。三家相見，便結聖胎；三元合一，便歸太極。惟三者相參，金丹之作用乃備。故曰：「羅列三條，枝莖相連。」

然三條之中，舉一即三，會三即一，處處合同，確然一貫，即太上所云「同出異名」，而爲「衆妙之門」者也。故曰：「同出異名，皆由一門。」

三條羅列，枝莖雖繁，然非抽黃對白，諧世俗之文辭也，實有至真之道隱乎其中。外契造化，內契身心，天人性命之理，無不相印，若合符節，如璞玉之藏石中，剖出即現。故曰：「殆有其真，礫硌可觀。」

若謂敷陳謬妄之辭，誑惑後學，此如附贅懸疣，豈不反被天譴？初心之所不敢出也。

此書之成，特命之曰「參同契」者，正以三家相參，同出一門，乃契無上至真之妙道耳。學者能探厥端緒，方知其辭雖寡，其道甚大，盡性至命之道，畢出其中。後世法嗣，可不遵守之乎？

此段特發參同契所以命名之意，所謂「三道由一，俱出徑路」也。

委時去害，依托邱山。循遊寥廓，與鬼爲隣。化形而仙，淪寂無聲。百世以下，遨遊人間。敷陳羽翮，東西南傾。湯遭厄際，水旱隔并。柯葉萎黃，失其華榮。吉人乘負，安穩長生。

此節魏公于著書篇終隱名以俟後世也。十六句中，離合成文，藏仙翁姓名在內。「委時去害」四句，合成「魏」字；「化形而仙」四句，合成「伯」字；「敷陳羽翮」四句，合成「陽」字；「柯葉萎黃」四句，合成「造」字：言參同契全文乃魏伯陽所造也。

仙翁本遯世之士，不欲自著其姓名，却又不肯盡晦，故爲漫辭隱語，半藏半露，以庶幾後人之我知。正猶一句根本，藏在三篇枝葉之中，含吐隱躍，以庶幾後人之自悟耳。仙翁隱名之意，即前章「閉口不用談」之意也。知其解者，旦暮遇之，初不得覿面蹉過。

上篇末章有「吾不敢虛說，倣傚聖人文」等句，中篇末章有「吾甚傷之，定錄此文」等句，俱述著書垂訓之意，語意尚未了。至于下篇末章，自敘啟後，發明三道由一，乃參同契之所以作，上承先聖，下啟後賢，爲窮理盡性致命之準則，故知此章不特結三相類，實全書之總結也。

參同契一書，最不易讀。蓋其初以一句分爲三篇，其究以三篇合爲一句，而句本無句也。但分合之間，神奇變化，雖有離朱之目，鮮不眩，師曠之聰，鮮不聾矣。今得吾師，盡發其覆正，如千年暗室，一燈能照，豈非羲易之指南，而參同之慧炬哉！

悟真篇闡幽

朱元育 授　潘靜觀 述

悟真篇闡幽上卷

悟真篇者，宋紫陽真人天台張平叔所撰也。紫陽出海蟾劉祖派下，憫世人不知金丹大道，墮落旁門，特作此書，令學者窮理盡性以至于命耳。此書源頭，出自陰符、道德兩經。其作用，則畧仿參同契，大抵是恐泄天機，不敢直說，故有藥物、鑪鼎、火候之法象，有乾坤、坎離、龍虎、汞鉛之寓言。奈言之愈諄，世人愈昧。孰知真者，即人人具足之真性命也。性命在先天本來一體，在後天必須全修。大約有爲之功，所以了命；無爲之道，所以了性。性命俱了，適還其具足之本來，有爲即無爲，後天即先天也，所謂無上至真之道也。篇中種種法象寓言，迷之即一切皆妄，悟之即一切皆真。蓋言真，則性命在其中；言悟，則窮理盡性以至于命在其中矣。書中大約分性命兩宗。性宗，是無聖無凡，妙覺本源，人人可以與聞；命宗，乃是超凡入聖，金丹作用，非真師無由啟發。兼之近代之旁門，妄加箋註，迷誤後學。下者甚至流入鑪火、彼家，高者亦不過獨修一物。祖意晦塞久矣！天不愛道，愚敢盡泄師授真詮以闡其幽焉。

此書本有次第，多爲後人所亂，以致漫無頭緒，失其元初面目矣。謹參藏本，悉依金液還丹工夫次第而校正之。蒲團子按：道藏輯要本「紫陽出海蟾劉祖派下」後有「爲南宗第一祖」六字。

七言四韻一十六首以象二八一斤之數

第一首

不求大道出迷途，縱負賢才豈丈夫？百歲光陰石火爍，一生身世水泡浮。只貪名利求榮顯，不覺形容暗悴枯。試問堆金等山嶽，無常買得不來無？

此章言一切凡夫，無常迅速之可畏也。

第二首

人生雖有百年期，夭壽窮通莫預知。昨日街頭猶走馬，今朝棺内已眠屍。妻財抛下非君有，罪孽將行難自欺。大藥不求爭得遇，遇之不鍊

是愚癡。

此章言人當勤鍊大藥以出世也。

此與首章，是祖師特地警策世人，爲金丹大道發端。首章言生死事大，無常迅速，不論壽夭窮通，一切難逃生死輪迴業報；此章言人欲脱生死、超輪迴、消罪孽，非鍊大藥不可。首章所言大道，統言窮理盡性至命之事；此章所言大藥，蓋指金丹也。大道，言其統體；大藥，言其作用。度世之方，惟有金丹最爲捷徑。然則人之出世求師以鍊金丹大藥者，救死之要，其可緩乎？

第三首

學仙須是學天仙，惟有金丹最的端。二物會時情性合，五行全處虎龍蟠。本因戊己爲媒娉，遂使夫妻鎮合歡。只候功成朝玉闕，九霞光裏駕翔鸞。

此章特揭金丹，爲學仙者作指南也。首章所言大道，次章所云大藥，俱指金丹而言，語意尚引而不發，此章特明揭之。

世人纔說「學仙」二字，除却黄白、男女，便以吐納導引、搬運精氣當之，至爲淺陋可笑，不必言矣。又聞道家說有五等仙，天地神鬼，優劣判然； 佛家說有十種仙，壽千萬歲，報盡還墮。學道之士，茫茫多歧，莫知適從。豈知無上至真之道，只有天仙一路而已。此仙，非五等仙中留形住世、十洲三島之仙，亦非十種仙中不修正覺、報盡還墮之仙，乃無上仙也； 此天，非凡夫色界、欲界有漏之天，并非外道非想非非想、定住色界、消礙入空，與夫穹空不歸，八萬劫終，畢竟輪轉之天，乃第一義天也。稽之周易，乾象爲天。乾者，純陽之體，純粹以精，堅剛不朽，即金剛長住之法性，萬劫不壞之元神也。以天體乾陽，故喻之曰「乾爲天」，而非三界諸天之可比； 以金性堅剛，故喻之曰「乾爲金」，而非世間凡金之可倫。乃知天仙即金仙也，從修學金丹大道而得之者也。金者，不壞之法身； 丹者，圓成之實相。從有爲以入無爲，即了命而兼了性，方是形神俱妙、盡性至命之極則。學道者第一步，便要從此立定脚跟，纔是端的下手處。故曰：「學仙須是學天仙，惟有金丹最的端。」

金丹下手，徹始徹終，只是坎離二物。後天之坎離，即先天之乾坤也。在先天爲性命，在後天爲情性。究而言之，只是「身」「心」兩字而已。心本純陽，先天乾，性也，中有至陰之精，感物而動，性遂轉而爲情。離中之陰，即火中之木也。身本純陰，先天坤，命也，中有至陽之氣，寂然不動，命乃轉而爲性。坎中之陽，即水中之金也。坎離一交，則情性自然會合矣。金性猛烈而難犯，其象爲虎；木性柔和而利物，其象爲龍。水火乃坎離之體，金木乃坎離之用，金木并，水火交，兩物會于中宮，則五行之炁全矣。故曰：「二物會時情性合，五行全處虎龍蟠。」

身心一內一外，不能遽合，須得中黃真意以和合之。戊己二土，即真意也。真意既到，身心纔打一片，二物之情性歡然和合矣，此與媒人勾引、兩姓合歡何異？故曰「本因戊己爲媒娉，遂使夫妻鎮合歡。」自此三家相見，結成聖胎，金丹成矣。再加温養工夫，鍊之又鍊，九轉功圓，金丹赫赫然發光，自太玄關逆流到天谷穴，直入太清聖境，豈非朝玉闕、駕翔鸞而遊戲于九霞之表乎？此乃金丹脱胎換鼎法象，非若世俗飛升之説也。所謂天仙之道，惟有金丹最的端者，如是而已。

此章揭出金丹，爲通部綱領，下乃詳言金丹作用。

第四首

三五一都三个字，古今明者實然稀。東三南二同成五，北一西方四共之。戊己自居生數五，三家相見結嬰兒。是知太乙含真氣，十月胎圓入聖基。

此章言金丹造化，不出河圖也。蓋金丹作用，即陰陽五行，以超出陰陽五行。上章，言二物會合全賴戊己，三五之象昭昭矣。然豈無所本哉？參同契云：「圓三五，寸一分。」又云：「三五并爲一兮，都集歸一所。」此「三」「五」「一」三个字之所自來。往古來今，學道者如牛毛，知此三字者，不啻如兎角。孰知其淵源出自河圖哉！

以河圖參之。東三之木，在人爲魂；南二之火，在人爲神。木火爲侣，兩者合成一象，陽内藏陰，其中虛靈，具有心象。故曰：「東三南二同成五。」西四之金，在人爲魄；北一之水，在人爲精。金水共處，兩者合成一家，陰内藏陽，其中滿實，具有身象。故曰：「北一西方四共之。」中宫之土，兼攝木火金水，總持精神魂魄，自成一家，獨而無偶，真意之象。身心會合而歸中黃，三家相見之象，于是真種生、聖胎結矣。即參同契所謂「三物一家，都歸戊己」也。故曰：「戊己自居生數五，三家相見結嬰兒。」

夫後天之心，即先天元精也；後天之身，即先天元炁也；後天之意，即先天元神也。其初太極涵三，渾然一中而已。自一分爲二，并中宫爲三家；二分爲四，并中土爲五行。從此千變萬化，生生不窮。順之斯爲常道，不免輪迴；逆之便名金丹，超凡入聖。蓋金丹一道，到得三家相見，自然并兩歸一，則四象、五行、六氣、七政、八卦、九宮之類，無不歸一，而名太乙含真炁矣。再加向上溫養鍛鍊工夫，至于胎圓炁足，豈難超凡以入聖哉！故曰：「是知太乙含真炁，十月胎圓入聖基。」

此章總括河圖，貫串周易，與參同契相爲表裏，是全書提綱挈領處。

第五首

草木陰陽亦兩齊，若還缺一不芳菲。初開綠葉陽先倡，次發紅花陰後隨。常道即斯爲日用，真源返此有誰知。報言學道諸君子，不識陰陽莫亂爲。

此章言性命之功必須全修也。

蓋造化之妙用，不出三五，三五之淵源，皆起于一。一者，無極而太極也。太極動而生陽，靜而生陰，自一分爲二，陰陽之變合，遂不可勝窮矣。大而天地，細而萬物，莫不有陰有陽。即如草木，無情之物也，亦必陽倡陰和，然後花葉齊敷，著其芳菲。葉之開也，其色綠，似乎屬陰，不知惟陽爲之倡，葉始微開，是則陽統陰而處其最先也；花之發也，其色紅，似乎屬陽，不知惟陰爲之隨，花乃大放，是則陰從陽而居其畧次也。徵諸河圖，天一生水，地以六數包之，外陰內陽，即綠葉之象； 地二生火，天以七數包之，外陽內陰，即紅花之象。人身亦然。坎外虛而中實，身象也，此非四大假合之身，乃真空中妙有也； 離外實而中虛，心象也，此非六塵緣影之心，乃妙有中真空也。一切凡夫，身逐根而生塵，心緣塵而起識，順以出之，日用不知，遂致流浪生死； 學道之士，貴在逆而返之，取坎中真陽，點化離中真陰，身心打成一片，而先天之真源復矣。只此一陰一陽，順之即凡，逆之即聖。道本一源，功須兼致。或執幻形爲身而著于有，或執頑空爲心而偏于無，皆是不識真陰真陽，妄作妄爲者也，奚啻北轅而南其轍乎？ 祖師儆策一切學人，訪求真師，窮究性命根源，必須洞曉陰陽，深達造化，切不可獨修一物，瞎鍊盲參。

「陰」「陽」二字，即繫辭所謂「一陰一陽之謂道」也。在先天爲乾坤，于人爲性命； 在後天爲坎離，于人爲身心。究竟坎離爲乾坤，身心即性命也。以造化喻之，曰日月，曰水火； 以物類喻之，曰鉛汞，曰虎龍； 以人身喻之，曰魂魄，曰心腎； 以人倫喻之，曰男女，曰夫婦。有等旁門，見篇中「陰陽」、「夫婦」、「男女」等字面，遂附會作女鼎之說，誑惑下愚，助其邪淫，不免喪身失命。更有援女鼎邪說以詮此書者，定入無間地獄，或變厠中蛆蟲，永劫難出頭矣！ 哀哉痛哉！

第六首

陽裏陰精質不剛，獨修一物轉羸尫。勞形按引皆非道，服氣飧霞總是狂。舉世漫求鉛汞伏，何時得見虎龍降。勸君窮取生身處，反本還源是藥王。

此章言獨修一物之非道，當直窮性命根源也。承上兩章，一陰一陽，是謂大道，三家相見，乃結聖胎，外此總落旁蹊，非真種子矣。

有等學人，未遇明師，錯認離中陰精，以爲本性，更不求坎中真陽點化，縱使執心不起，到得澄澄湛湛田地，終是無量劫來識神，難免生死輪迴，豈能證金剛不壞之身乎？此獨修一物者，所以偏枯而羸尫也。

又有索諸身內而爲勞形按引，若熊經鳥伸之類，索諸身外而爲服氣飧霞，若呑日精月華之類，正如窮子覔珠，㤟頭狂走，較彼獨修一物者，去道彌遠矣。所以然者，皆由不識「身」「心」兩字耳。

離中真陰便是心，坎中真陽便是身。喻以無情之物，强名鉛汞；喻以有情之物，强名虎龍。以身心本體而言，强名曰藥物；以鍛鍊身心而言，强名曰火候。旁門既不識先天源本，又豈能降伏其身心哉？故欲降伏身心，必須窮取生身受炁之源。父母未生以前，乾坤合德，性命圓成，囫圇一个太極而已。及乎出胎以後，乾破爲離，坤實爲坎，從「団」地一聲時，兩下分開，性命無由返還。學道之士，當先求明師點破生身受炁根源，乃取坎中一陽，反之于離而成乾，即取離中一陰，還之于坎而成坤，復還先天性命，囫囫圇圇，纔成得一个人。此便是七返九還，金丹大藥，而證萬劫不壞之身，豈獨修一物者所能彷彿乎？然反還之功，非必索諸受炁之初也。凡人即眼耳鼻舌，合成此身，其機生生不息，會歸一心，即所謂生身處也。所生生者，順之即凡，逆之即聖。人能從十二時中，時時收視反聽，窮之又窮，一念回機，陡然覺悟，當下便識取父母未生前面目。再加時時保守之功，是謂反本還源，而大藥從此出。識得心王，便是藥王矣。

第七首

人人本有長生藥，自是迷途枉把拋。甘露降時天地合，黃芽生處坎離交。井蛙應謂無龍窟，籬鷃爭知有鳳巢。丹熟自然金滿屋，何須尋草學燒茅。

此章言大藥不待外求也。

大藥之本，無過性命。性命之用，不離身心。父母未生以前，人人具足；生身受炁而後，一切圓成。此太上所云「谷神不死」者，只在當人反之還之耳。世人爲積習所迷，狂惑失性，把大藥抛在一邊，向外馳求，另覓長生路徑，終身役役，至死不悟。倘遇真師指破迷途，方知人人具底身心，便是長生大藥。并兩歸一，真種自生，有若甘露之降自天中，黃芽之產在土內。蓋甘露從天而降，喻言先天一炁，從虛無中來，無中生有，甚是奇特也；黃芽從地而出，喻言二物交會，一點真陽，從坤土中逆出，藥苗新嫩而可採也。兩象一意，總是坎離交而產藥之時也。奈何世人棄真逐妄，見同籬鷃，智若井蛙，不識北海之中，自有龍窟，朝陽之地，自有鳳巢，將人人具足之大藥，當面錯過，所謂「同門出入不相逄」也。蒲團子按：「逄」，同「逢」。豈知丹頭一點，銅鐵皆金，後天一切渣滓，俱化作先天元炁，取之左右逢其源矣。乃抛却此等受用，轉向後天渣滓中，覓些小勾當，何異抛却滿屋黃金，反去尋藥草而燒茅弄火乎？

第八首

休鍊三黃及四神，若尋眾草便非真。陰陽得類歸交感，二八相當自

合親。潭底日紅陰怪滅，山頭月白藥苗新。時人要識真鉛汞，不是凡砂及水銀。

此章直指先天藥物，以破旁門也。

大藥既人人具足，不待外求，可見一切後天渣滓，皆非真種矣，何必鍊三黃四神而尋眾草乎？三黃四神，俱是鑪火家藥物，祖師以此喻後天渣滓也。大抵以凡精、凡氣、凡神爲要，三者便是三黃；以心、腎、肺、肝爲四象，便是四神；取周身津液血氣爲運用，便是眾草。不知一落後天形氣，便非虛無至真之大藥，所以不當鍊也。

藥之真者，無過坎離二物。離中真水，恒欲下流，坎中真火，恒欲就上，此本天本地之性情也。兩者一交，水任歸地，火任歸天，親上親下，各從其類矣。天一生水，而成以地六爲坎；地二生火，而成以天七爲離。今取坎中之一上合離七，離中之二下合坎六，是爲二八。二八相當，恰合一斤之數，自然相親而歸一體。此二句，指坎離歸交，而言其必至之理也。

當其欲交未交之時，坎中真陽，湧出北海，如潭底之日，赫然發光，一切陰氣邪魔，自然消滅。及乎真陽上升，與離中真陰配合，結成金丹，如天上太陰，映太陽以爲光，初出庚方之上。到此藥苗新嫩，急須採取而烹鍊矣。此二句，指坎離初交，而言其自然之象也。

大抵坎中陽炁爲真鉛，離中陰精爲真汞，坎離即鉛汞也，鉛汞即身心也，身心之用乃精氣也，精氣之體乃性命也。兩者打合，渾然元神，乃是真中至真。人能洞識此物，方知後天精氣，一切非真，庶不爲凡砂水銀所誑惑矣。凡砂水銀，既非真種，三黃四神之與眾草，又可認以爲真哉？何時人之瞶瞶也！

第九首

此法真中妙更真，都緣我獨異于人。自知顛倒由離坎，誰識浮沉定主賓。金鼎欲留硃裏汞，華池先下水中銀。神功運火非終旦，見出深潭月一輪。

此章言坎離交而採藥，乃金丹之初基也。

真鉛真汞既非凡砂水銀可比，學道者能捨此而別求妙法乎？後天身心，即先天性命，人人具足之本真也，何以異于人哉？然歸根復命之作用，全在顛倒，同而異矣。不同而同者，先天自然之本體，至真也，即內藥也；非異而異者，後天顛倒之妙用，乃從妙用而反至真也，即外藥也。老子云：「我獨異于人，而貴求食于母。」此之謂也。

就先天而言，本以乾性爲主，坤命爲賓。自中爻互易爲離坎，未免賓反爲主，主反爲賓。離中木汞，其性飄忽而喜浮，主中賓也；坎中金鉛，其性鎮重而喜沉，賓中主也。人皆知乾坤顛倒而爲坎離，金沉木浮，主賓之位似乎不定。豈知坎離再一顛倒而還乾坤，金之沉者轉浮，木之浮者轉沉，乾性依舊是主，坤命依舊是賓，浮沉之用轉，而主賓之位定矣。

離之匡廓屬乾，是名金鼎，其中浮而易走者，爲硃裏汞，賓之位，心之象也；坎之匡廓屬坤，是名玉池，其中沉而不遷者，爲水中銀，主之位，身之象也。汞性刻刻流轉，順以出之，易走而難留，不能自主。如欲留之，必須用水中之銀。金性鎮重，出自坎宮，反來作主，逆以制之。真汞受制，始不飛走。到此身心一片，寂然不動矣。然而調伏身心，全仗真意，妙在「欲留」「先下」四字。浮沉互換、主賓顛倒之用，恰在其中。

二物交會，不出一時。運火神功，無過回光返照。只消刹那間，金丹一粒，見出北海大淵之中，如滿月輪，赫然光透簾帷矣。坎離初交，便產大藥，採取烹鍊之功，從此而起。此外藥之作用，即還丹之根基也，豈非真中更真者乎？

第十首

要知產藥川源處，只在西南是本鄉。鉛遇癸生須急採，金逢望遠不堪嘗。送歸土釜牢封固，次入流珠厮配當。藥重一斤須二八，調停火候託陰陽。

此章詳採取温養，乃金丹之火候也。上章言深潭月見，則金丹大藥採矣。然未言採自何地、採自何時、養之何法，學者仍茫然無下手處。此火候之不可不知也。

真金出自水底，故取象于川源；大藥產在坤土，故取象于西南。且大藥之採，實與天上太陰同其造化。月望于東方乾甲之位，從此爲艮丙之下弦，而魄生一陰，已在巽辛位上，動極而靜，是爲月窟，光斂于東北，萬化歸根，喪朋之象也；月晦于北方坤癸之位，從此爲兑丁之上弦，而魂生一陽，已在震庚方上，靜極而動，是爲天根，光見于西南，藥苗新長，得朋之象也。既知身中採藥之地，即知身中採藥之候矣。故曰：「要知產藥川源處，只在西南是本鄉。」

大藥將產，是名真鉛。鉛者，杳杳冥冥，一味水鄉鉛也。水有壬癸之分，壬陽水清，癸陰水濁。蓋時之子妙在心傳。真意初動爲陽，再轉即陰。陰一生而真種失矣。

當乘陰之未生而採之。故曰：「鉛遇癸生須急採。」真鉛出水，又名真金。真金者，恍恍惚惚，一點水中金也。金有老嫩之別。其嫩也，象月初望；其老者，象月既望。蓋月之圓存乎口訣。真炁初凝，恰當望日，蟾光圓足。時過而真炁已失，即望遠矣。當乘陽之未散而嘗之。故曰：「金逢望遠不堪嘗。」此言活子時到，採取之功也。

大藥既採，即以真意送之，上升天谷，引入黃庭，牢閉六門，固守而隄防之。又當以神光刻刻迴抱，不可須臾間斷。蓋真鉛升鼎，只當得一物，惟急入太陽流珠以配之，則神炁相守，心息相依，鉛汞相投，身心二物纔打成一片矣。故曰：「送歸土釜牢封固，次入流珠廝配當。」此言大藥入鼎，温養之功也。

採取之後，繼以温養，大藥永無耗散矣。然欲藥足而火均，其功豈易言哉？大藥不計斤，而云「重一斤」者，取其至足也。金丹之圓，必合兩弦真炁以成之。其間金水各半，不及則嫩，太過則老。不先不後之間，可失其平乎？採時謂之藥，藥中有火焉。真火本無候，而云「調停」者，取其至均也。兩弦既合，必借天然真息以調之。其中文武異宜，意散則冷，念起則炎。不炎不冷之間，可失其準乎？鍊時謂之火，火中有藥焉。以火鍊藥，便是以神御炁，而金丹之功就矣。故曰：「藥重一斤須二八，調停火候託陰陽。」

此章是金丹底作用關鍵，不比其他泛論。其中火候之秘，不著于文，須得聖師親授。然須知採取之妙，妙在念頭不動處。蓋不採之採，是謂真採；不取之取，是謂真取。此又火候之至妙至妙者也。過此以往，便是還丹作用矣。

第十一首

虎躍龍騰風浪粗，中央正位產玄珠。菓生枝上終期熟，子在胞中豈有殊？南北宗源翻卦象，晨昏火候合天樞。須知大隱居廛市，何必深山守靜孤。

此章言乾坤交而結丹，乃還丹之全功也。

上章言既得金丹大藥，養在黃庭土釜中，神炁相守，子母相戀，歸根而復命矣。至于靜極生動，正子時到，便當駕動河車，聚火載金，自尾閭關，升到天谷穴，猛烹而極煅之，如龍爭虎鬬，波濤洶湧，撼動乾坤。至于乾坤交媾罷，一點金液依然落在黃庭中央。故曰：「虎躍龍騰風浪粗，中央正位產玄珠。」

從此更加温養之功，如龍護珠，如雞抱卵，默默回光，勿忘勿助，到得玄珠成象，太乙含真，恰是菓熟香飄，嬰兒自然變化而超脱矣。故曰：「菓生枝上終期熟，子在胞中豈有殊。」

乾南坤北，先天定位，係造化自然宗源。一到後天，則天地不交而反成否矣。今者乾坤既交，否轉爲泰，便將周天卦象通盤翻轉。故曰：「南北宗源翻卦象。」「晨昏」二字，只是一動一靜。一陽動而爲復，法當進火，進至六陽，動極而復靜矣；一陰靜而爲姤，法當退火，退至六陰，靜極而復動矣。一進一退，循環無端，悉聽命于天樞。蓋周天之行度，無所不動，只有天樞兀然不動，在人爲天谷元神，常應常靜者也。一切火候進退，無非合此不動之樞而已。故曰：「晨昏火候合天樞。」

還丹之功，全在致虛守靜，然而靜不離動。捨動取靜，深山之象也，喻獨修一物也；即動而靜，廛市之象也，喻還丹作用也。人各有一無位真人，隱在六根門頭，時時發用，時時退藏。終日坐千峯頂上，不離十字街頭；終日遊十字街頭，不出千峯頂上。正如天行常轉，而天樞兀然不動，豈必沉空守寂，坐在黑山鬼窟，方成大隱乎？故曰：「須知大隱居廛市，何必深山守靜孤。」此結言還丹作用，性命全功，非獨修一物者可比也。

第十二首

不識玄中顛倒顛，爭知火裏好栽蓮。牽將白虎歸家養，產个明珠似月圓。慢守藥鑪看火候，但安神息任天然。羣陰剝盡丹成熟，跳出樊籠壽萬年。

此章言還丹妙用，由顛倒而歸自然也。

通上數章，坎離交而採藥，乾坤交而得丹，總是顛倒妙用，但世人知之者稀耳。即如常道陰陽，火生于木，水生于金，順而出之，慾動忿勝，生轉爲殺，所謂「五行順行，法界火坑」也，在陰符謂之「禍發必尅」。丹道陰陽則不然，水轉生金，火轉生木，逆而返之，忿懲慾窒，殺轉爲生，所謂「五行顛倒，大地七寶」也，在佛經謂之「火宅生蓮」。故曰：「不識玄中顛倒顛，怎知火裏好栽蓮。」

火中生木，便名青龍；水中生金，便名白虎。白虎原係乾家真金，落于坤宮而成坎者。今用驅虎就龍之法，取坎中真金，點在離內，金來歸性，乃稱還丹，而乾體圓矣。故曰：「牽將白虎歸家養，產个明珠似月圓。」此金丹大藥，產在坤鑪之法象也。再加向上工夫，採取鍛鍊，金丹乃歸乾鼎，而稱金液還丹矣。

丹既歸鼎，仍以鑪中真火養之。火候之調，全在真息，非後天呼吸之氣也。真息與元神相依，又名神息。天樞兀然，法輪常轉，不隨萬緣不息，不居蘊界，所謂天然真火也。故曰：「慢守藥鑪看火候，但安神息任天然。」蒲團子按：「不隨萬緣不息，不居蘊界」，道藏輯要本作「自然出息不隨萬緣，入息不居蘊界」。

凡人四大一身，無非陰氣，從心意識中，幻出種種貪瞋癡愛，未出三界，種種皆樊籠也。得此丹頭一點，陰氣已轉而爲陽，從此鍊之又鍊，剝盡羣陰，露出圓陀陀、光爍爍未生以前面目，頓超三界，永脱樊籠，而證萬劫不壞之金身矣。故曰：「羣陰剝盡丹成熟，跳出樊籠壽萬年。」

此言丹道顛倒之極，歸于自然，通上數章而結之。

第十三首

黃芽白雪不難尋，達者須憑德行深。四象五行全借土，三元八卦豈離壬。鍊成靈寶人難識，消盡陰魔鬼莫侵。欲向人間留秘訣，未逢一个是知音。蒲團子按：「借」，道藏輯要本作「藉」，後文作「賴」。

此章言學道者當勤修德行，以立丹基也。金丹大道，既可脱樊籠，超三界，是謂無上至真法寶矣。苟非至德，何以凝至道乎？

坎中真陽，是名黃芽；離中真陰，是名白雪。即此二物，金丹之真藥也。真藥必傳真人，真人必崇德行。德之與行，非一非二，如車之兩輪，鳥之兩翼。德之真者，無過淨明忠孝，扶植綱常；行之真者，無過濟困扶顛，方便利物。若能交修并證，表裏如一，自然動天地，格鬼神，遇真師，得真藥。倘德行有虧，縱遇真師授真道，決然承當不起，往往半途夭折，末路敗亡，陰符經所云「小人輕命」是也。

徵諸河圖，金、水、木、火爲四象，并中土爲五行。金、水、木、火皆從中土而生，循環一周，復歸中土。起根在此，歸根亦在此。故曰：「四象五行全賴土。」三元者，元精、元氣、元神也；八卦者，乾、坤并六子也。三元只是一元，八卦只是一个太極。一由中出，從天一中生出真水，實爲萬化之源。故曰：「三元八卦豈離壬。」上句言「中」，在丹道爲真意；下句言「一」，在丹道爲真鉛。

中黃真意，寂然不動，身心自然渾合，從虛無生出大藥，是名真鉛。真鉛即金丹也，即黃芽、白雪二物所會合而成者也。從此鍊之又鍊，化凡質爲靈寶，而人莫測。損之又損，消陰氣而純陽，而鬼莫侵矣。自非大藥之功，何以得此？然非德行甚深者，又曷克致此哉？

此等秘訣，父不得而授之子，臣不得而獻之君。必其人德行隆重，有仙緣，纔承當得起。寥寥天壤，知音者誰？祖師到此，不能不爲之三歎矣！知音之難逢，正歎積德累行之難其人耳！

第十四首

好把真鉛着意尋，莫存客意度光陰。但將地魄擒硃汞，自有天魂制水金。可謂道高龍虎伏，堪言德重鬼神欽。已知壽永齊天地，煩惱無由更上心。

蒲團子按：「莫存客意」，道藏輯要本作「莫教容易」。

此章言金丹之妙，確然可以度世也。

承上言，德行既足立基，大藥本非難致，當汲汲以求真鉛矣。真鉛乃先天一炁，從虛無中來，即金丹大藥也。此藥至靈至妙，不在四大一身中，却又不可身外摸索，須得真意以擒之。真意一到，時入杳冥，則真鉛自生，得之則命由我立，庶不遷延歲月，虛度光陰矣。

真鉛雖是一炁，其初却因兩物結成。并兩爲一，須用顛倒工夫。先將北方水中之金，擒住南方火中之木，即以南方木中之火，制却北方水中之金，于是金木兼并，水火既濟，而真鉛得矣。

火中之木，水中之金，即天魂地魄也。魂魄，即龍虎也。身中之真龍真虎既伏，世間龍虎，自無不馴伏矣； 身中之陽魂陰魄既歸，世間鬼神，亦無不歸命矣。 此不特道業至高，抑亦德行至重，方能如此。

如此道高德重，便可提挈天地，把握陰陽，天地有壞，這个不壞，一切煩惱，悉化爲妙明真心。 此非斷煩惱而證菩提，煩惱即菩提也。 性命俱了，此金丹大道出世之極則也。

第十五首

不識真鉛正祖宗，萬般作用枉勞功。休妻漫遣陰陽隔，絕粒徒教腸胃空。草木金銀皆滓質，雲霞日月屬朦朧。更饒吐納并存想，總與金丹事不同。

此章言金丹大道迥絕旁門也。

上章言，真鉛之妙，可以超凡入聖。 學道者可不識真鉛哉？ 真鉛是先天一炁，從虛極靜篤中來，雖似有作，其實無爲，乃造化之根源，大丹之宗祖，非修一物者可以并駕，并非搬弄後天精炁、一切妄作妄爲者可以倖致也！

一陰一陽，各正性命，方稱大道，何須休妻？若獨修一物，天地不交，真種無由生化矣。此休妻而陰陽否隔之象也。

浩然之氣，充塞天地，自然不假一毫外物幫補，何消絕粒？若内不足，而强絕外緣，未免餒在其中矣。此絕粒而腸胃虚空之象也。

草木、金銀，喻身中濁物，如心、腎、肝、肺之類；雲霞、日月，喻身中凡氣，如精、神、魂、魄之類。此等皆後天渣滓，合之四象五行，不過依稀彷彿而已，與先天一炁有何干涉乎？

更有執呼吸爲元氣，未免着于吐納；認思慮爲元神，未免着于存想。豈知真息之息與不神之神，合爲一炁，返乎太虚，纔是金丹大道，與此等旁門，天淵迥别，不可不明辨也。

夫金丹即真鉛也。世人既不識真鉛，安識金丹？此章痛掃旁門，極其警策。惜乎愚夫錯認「休妻」一語，又流入採陰旁門，造下地獄種子，恰如避溺而投火矣。哀哉！

第十六首

萬卷丹經語總同，金丹只此是根宗。依他坤位生成體，種在乾家交感宮。莫怪天機都泄漏，只緣學者盡愚蒙。若能了得詩中意，立見三清太上翁。

此章言金丹大道爲超凡入聖捷徑，乃悟真篇上卷之結尾也。

前章言金丹作用迥絕旁門，可見「只此一事實，餘二即非真」矣，豈特此書爲然？縱閱盡萬卷丹經，亦只言此一事耳。先天羲易，提出乾坤坎離，已爲丹經開山作祖。道德并清淨諸經，惟宗自然，雖直指無爲之道，而金丹大道已在其中。陰符及參同契諸書，要人反本，雖詳示有爲之功，然作用到頭，仍歸自然大道。至于關尹、莊、列之所闡揚，鍾、呂、海蟾之所撰述，莫不皆然，無非究性命之根，以定金丹之宗而已。所云「金丹最的端」者，此其根宗也。

金丹作用，篇中言之既詳，統而論之，只在「產藥于坤鑪，結丹于乾鼎」兩言可盡。以金丹言之，坎離交而產大藥，坤宮事也。至于依時採取，升入天谷，引歸黃庭，則屬之乾家矣。以還丹言之，採藥入鑪，而用文火溫養，坤宮事也。至于聚火載金，交媾鍛鍊于崑崙頂上，則又屬乾家矣。崔公所云「產在坤，種在乾」是也。故曰：「依他坤位生成體，種在乾家交感宮。」

祖師剖露到此，可謂真泄天機矣。奈世人尚惑于旁門，或以彼我兩家分乾坤，此與無間地獄作因緣者；或以臍下頂上兩地分乾坤，此向黑山鬼窟作活計者：豈非愚蒙之極乎？

倘有智慧過人之士，參訣勤恪，神明忽告，當下豁然了悟，方知山河大地，總是鼎鑪，蠢種含靈，悉皆藥物，日用動靜，無非火候，三清太上，即我本來法身，而立地成真作祖矣。故曰：「若能了得詩中意，立見三清太上翁。」三清者，玉清、上清、太清三境真人也；太上者，巍峩尊高，先天真宰也。凡夫一聞三清太上，便驚惶無地，妄謂此乃天上至尊，斷無我分。不知我之元精，即玉清真人，即佛家所謂「清淨法身」也；我之元炁，即上清真人，即佛家所謂「千百億化身」也；我之元神，即太清真人，即佛家所謂「圓滿報身」也。舉一即三，是名三清；會三歸一，是名太上。非三而三，非一而一，無上而上，真空不礙妙有，故曰「無極而太極」；三本非三，一本非一，上本非上，妙有不礙真空，故曰「太極本無極」。此乃無上至尊妙覺之道也。祖師所云「悟真」者，悟此而已。從前一切金丹作用，若鑪鼎，若藥物，若火候，到此總屬筌蹄，何況旁門小乘？嗚乎！苟非三教至人，其孰能知之哉？

上卷總評

蒲團子按：底本無此標題，係余據文義而加。

此卷已括盡金丹作用，以下不過引而伸之耳。一路剖析，次第秩然，到末了纔直泄天機。作者、註者，雙眼洞照，讀者亦知之否耶？

悟真篇闡幽中卷

七言絕句六十四首以象卦數

第一首

道自虛無生一炁，又從一炁產陰陽。陰陽再合成三體，三體重生萬物昌。

此章言大道順生之序也。

道德經云：「道生一，一生二，二生三，三生萬物。」只此數句，包羅萬象，渾然太虛，不可道、不可名者也。强名之，曰虛無，曰自然，曰未見炁。然纔謂之虛，即實矣；纔謂之無，即有矣；纔謂之自然，即該具因緣矣；纔謂之未見炁，而元炁已生：「道生一」矣。故曰：「道自虛無生一炁。」周子所云「無極而太極」是也。一炁既分，其中便有清有濁，有動有靜。動而清者，上浮爲天；靜而濁者，下凝爲地：

「一生二」矣。故曰：「又從一炁產陰陽。」周子所云「分陰分陽，兩儀立焉」是也。從此天氣下降，地氣上升，二氣交感，人生其中：「二生三」矣。故曰：「陰陽再合成三體。」周子所云「乾道成男，坤道成女」是也。只此一元之炁，充周布滿，三才既備，品物咸亨，情與無情，莫不各正性命：「三生萬物」矣。故曰：「三體重生萬物昌。」即周子所云「萬物生生而變化無窮」者也。蒲團子按：道藏輯要本「只此數句，包羅萬象」後有「該括三教，惜未有知其解者。大道本來無方無體」諸字。

此章是祖師述道德經，特衍而明之，以爲六十四章綱領，所謂順去生人生物者也。從而返之，便是金丹大道。

第二首

萬物芸芸各返根，返根復命即常存。知常反本人難會，妄作招凶眾所聞。

此章言學道者當知常反本也。

道生一，一生二，二生三，三生萬物，可見大道物物具足，矧人爲萬物之靈，可不思反本還源乎？倘能從日用常道，顛倒求之，即此六根門頭，根塵相對時，當下斬斷意識。意識不行，六根皆息，所謂「一根既返源，六根成解脱」也。從此一切有情無情之物，皆可各返其根，而先天之命復矣。命復而谷神不死者，終古常存矣。即太上所謂「萬物芸芸，各歸其根，歸根曰靜，靜曰復命」是也。

歸根復命之功，人人做得，而人往往當面蹉過者，只爲不知常耳。此道本至平而無奇，至淡而無味，不離日用，直造先天，是爲大常。人能一念回機，當下便同本得，纔知常，即返本矣。奈何百姓日用而不知，昧却自家的平常心，往往厭常喜新，向外馳求，做出許多揑怪伎倆，陰陽鑪火，無所不至，妄作妄爲，自取凶咎，即太上所云「不知常，妄作凶」也。聖訓昭昭，世人豈未聞之乎？此亦本道德經而發明之，示人以反本還源之功。

第三首

但將死户爲生户，莫作生門號死門。若會殺機明反覆，始知害裏却生恩。

此章言殺機轉爲生機，即反還之功也。

陰符經云：「生者死之根，死者生之根，恩生于害，害生于恩。」蓋世人之生死，皆由于心。心之生死，皆由于物。凡六根門頭，一切有漏處，悉皆生死岸頭也。何以故？一切有漏處，世人莫不依此安身立命，所謂生門也，即皆恩也。然一切有漏處，世人莫不從此喪身失命，即所謂死户也，即皆害也。倘順而出之，生門轉作死門，而害生于恩矣。惟逆而返之，死户轉作生户，而恩生于害矣。害生于恩，是生機反爲殺機也；恩生于害，是殺機反爲生機。所謂「殺機」，「反覆」之妙也。

此章本陰符宗旨而發明之。道德經主自然，故直指虛無之體；陰符經主作用，故專提生殺之機：即所以歸根而復命也。

第四首

禍福由來互倚伏，還如影響相隨逐。會能轉此生殺機，反掌之間災變福。

此章申言生殺之機也。

感應篇云：「禍福無門，惟人自召。」此太上寶訓也。然須知學道人底禍福，與世人所云禍福迥別。蓋知常而返本，即自求之福也；不知常而妄作，即自求之禍也。豈不互相倚伏，如影之隨形、響之應聲乎？倘能一念回機，則生殺之關立轉，一切妄作妄爲者，未嘗不可知常而反本。其轉移之機，只在反掌間。蓋妄既變而爲常，即無所不變。從此殃可變慶，凶可變吉，災可變福，宇宙在手，萬化生身，而爲造物之所不能殺矣。

「禍福倚伏」，亦本道德經，以申言上章殺機反覆之意。

第五首

要得谷神長不死，須憑玄牝立根基。真精既反黄金屋，一顆明珠永不離。

此章言轉兩爲一，乃金丹立基之功也。

道德經云：「谷神不死，是謂玄牝。玄牝之門，是謂天地根。」谷神，即本來面目也。谷，取其至虛；神，取其至靈。至虛至靈之機，只在當下。當下寂然不動，當下感而遂通。其來無首，其去無尾。谷神本自無生，何有于死？便從此無死無生中，生生不息，而天地萬物皆從此出，即是道生一，一生二，順而出之以爲生機者也。若要逆而反之，以爲殺機妙用，須從玄牝立基。坎中真陽爲玄，是名有中無，命之寄于身者也；離中真陰爲牝，是名無中有，性之寄于心者也。兩者一合，丹基乃立，谷神自然長存。故曰：「要得谷神長不死，須憑玄牝立根基。」玄牝二物，會歸中黄，先天至精，妙合而凝，何啻赤水玄珠，得于罔象，一得永得，自然須臾不離。故曰：「真精既反黄金屋，一顆明珠永不離。」夫真精既反，玄牝之基立矣。玄珠成象，豈非谷神長不死者乎？此轉兩爲一之初基，即轉殺爲生之妙用也已。

第六首

玄牝之門世罕知，休將口鼻妄施爲。饒他吐納經千載，怎得金烏搦兎兒。

此章申言玄牝妙用，非旁門所知也。

玄牝之與谷神，其體則一，其用則二，名之以一有一無，象之以一烏一兎。張馳闔闢，旋乾轉坤，太上所云「玄牝之門，是謂天地根」者也。旁門不知其妙，錯認「緜緜若存」一句，妄以口吐鼻納爲玄牝作用，其謬甚矣。豈知玄牝二物，不過真陰真陽。離中真陰，象日中金烏；坎中真陽，象月中玉兎。兩者會合，主賓顛倒，自然相擒相制而結金丹，陰符經所云「擒之制在炁」也。若但以口鼻吐納爲功，縱饒千秋萬歲，真陰真陽，依然間隔，怎得金烏搦兎之妙用乎？此玄牝之門，舉世所以罕知也。

第七首

異名同出少人知，兩者玄玄是要機。保命全形明損益，紫金丹藥最靈奇。

此章申言金丹之要，斷在玄牝也。

道德經首章云「故常無欲以觀其妙，常有欲以觀其竅」，又曰「此兩者同出而異名，同謂之玄」，正與玄牝之說互相發明。但世人知之者稀，祖師特爲剖析。常無者，即玄也，陽也，主也，在人爲真性；常有者，即牝也，陰也，賓也，在人爲真命。一分爲二，是爲異名；二本乎一，是爲同出。學人能從有入無，反乎先天，是爲玄玄之要道矣。故曰：「異名同出少人知，兩者玄玄是要機。」

有無之體雖一，作用却分兩般。有爲所以保命，當加日益之功；無爲所以了性，當明日損之妙。損之又損，以至于無，自然形神俱妙，超脱而變化矣。故曰：「保命全形明損益，紫金丹藥最靈奇。」水火相配，合成紫色，即金丹法象。有無交入，性命齊了，豈非玄玄之妙道乎？

第八首

不識陰陽及主賓，知他那个是疏親。房中空閉尾閭穴，誤殺閻浮多少人。

此章言獨修一物之非道也。

蓋有無同出之謂玄，一陰一陽之謂道，所以金丹之功，必須性命全修。篇中所説陰陽，直指性命而言。只凡「性命」二字，在先天爲乾坤，在後天爲坎離，此兩者有賓有主，有親有疏，學人宜細辨之。世人但知以離爲性，不知離中之陰，乃後天識神逐境流轉者也。學人彷彿依通，便以爲見性，何異認賊作兒子？未免以賓爲主，應疏而反親矣。但知以坎爲命，不知坎中之陽，即先天乾性，萬劫不壞者也。學人未遇真師，轉斥爲外物，何異貧子覓珍珠，未免以主爲賓，應親而反疏矣。此毫釐千里之差，不可不辨也。今世學道者，但聞清淨之説，便牢閉六窗，灰心靜坐，内不出，外不入，其象爲房中空閉尾閭穴，即所云「獨修一物是孤陰」者也。只因不辨賓主親疏，未明玄玄大道，并其所守之一物亦非矣。誤盡世人，可勝道哉！

昔馬祖在南嶽，一味坐禪，南嶽讓公敔以磨磚豈能作鏡，復示以打牛打車之機，始豁然開悟。會得這則公案，便會得此章關鍵矣。

第九首

先且觀天明五賊，次須察地以安民。民安國富方求戰，戰罷方能見聖人。

此章言復命之功，即金丹作用也。

獨修一物，既非大道，而金丹大道何如哉？欲修金丹，必須洞曉陰陽，深達造化。陰符經云：「觀天之道，執天之行。」又云：「天有五賊，見之者昌。」五賊，即五行。天之所以造化萬物，即人之所以自造自化者也。若不明互生互殺之妙用，怎得成丹？故欲執天之行，必先觀天之道，內觀洞然，纔好下手。身中造化，不離方寸地。此地兼攝坎離二用，察之則主立矣。主立則六根歸元，聽命天君，是謂「民安」；三寶內斂，外邪不生，是謂「國富」。從此坎離交媾，方結金丹，有龍爭虎鬬之象。交媾之時，六根大定，意識不行，五賊皆束首，受我驅策，陰魔埽迹，有戰勝之象。自此露出本來面目，便是聖胎，而見自己之聖人矣。以復命而兼了性，與天地合其德，方稱大道。下章遂言戰勝之功用。

第十首

用將須分左右軍，饒他爲主我爲賓。勸君臨陣休輕敵，恐喪吾家無價珍。

此章申言金丹作用，當明辨賓主以還真也。

戰勝而見聖人，金丹之道圓矣。然方戰之時，其功不可不慎。左屬陽，右屬陰。離爲太陽，左也，而實陽中之陰，則居左反而爲賓矣；坎爲太陰，右也，而實陰中之陽，則居右而反爲主矣：所謂「用將須分左右軍」也。學者以見性爲主，離光是也。奈中藏陰氣，識神尚存，實未得爲見性。一點乾家真性，寄體坤中，坎中元炁是也。以其未即來復也，故謂之他。以其爲我家故物，故必須讓他做主，我反爲賓矣。主賓互換，顛倒之妙也。其初先用離中真陰，回光反照，取出坎中真陽，反本還源，識神死盡，真性纔得見前。比如大將臨陣，先擒其王，真種到手，陰邪自散矣。但中間進退之宜，全仗調停火候，如大敵之不可輕。倘臨鑪之時，一念忘動，則坎中真陽，不可得而取，是喪却吾家無價珍也，可不慎乎？蒲團子按：「一念忘動」，道藏輯要本作「一念妄動」。

此章當與上章參看，方知賓主顛倒之妙。更有下劣旁門，以此章「輕敵」、上章

「戰勝」附會作採陰邪說，誑惑世人，喪身失命，生當受雷霆之誅，死當入無間地獄矣。

第十一首

三才相盜食其時，此是神仙道德機。萬化既安諸慮息，百骸俱理證無爲。 食者，張口吞漿也。

此章申言復命之初，由有爲以入無爲也。此章原本道德經云：「道生一，一生二，二生三。」三才之道備矣。只此三才，順之即凡，逆之即聖。學道者，能竊造化之機而用之，豈難超凡入聖乎？

陰符經云：「三盜既宜，三才既安。」又曰：「食其時，百骸理；動其機，萬化安。」蓋大丹造化，以天爲鼎，以地爲鑪，以日精月華爲藥物。以小周天而言，當取坎中之陽，補離中之陰，水火既濟，會于中黃，金丹產在鑪中矣，其機在候活子時到，以爲採取之功；以大周天而言，坤反居上，乾反居下，天地反覆，交在崑崙，還丹收歸鼎内矣，其機在候正子時到，以爲鍛鍊之準。兩種作用，内外交通，始得參合三才，結成金丹，無非以真意和合身心，使元精元炁妙合而凝，谷神自然長存。人但知爲神仙秘訣，不知此乃修德凝道中一段自然機用，即歸根復命之要道也。鍛鍊之後，身心大定，天君坐鎮中央，寂然不動，而五官四肢，三百六十骨節，八萬四千毛孔，元炁周流，一切歸命中黃正位。譬如北辰居所，眾星自拱；又如陽回寒谷，大地皆春：可謂「各正性命，保合太和」矣。豈非萬化既安，諸慮盡息，百骸俱理，而得證無爲者乎？

蒲團子按：道藏輯要本「以日精月華爲藥物」後有「人居其中，運行周天火候，此丹道逆用之三才也。然有兩種作用」。

此章言會三歸一，從有爲以入無爲，正與首章相應。蓋即陰符之作用，契道德之自然，攝用歸體，以了命而兼了性者也。

第十二首

陰符寶字逾三百，道德靈文止五千。今古上仙無限數，盡從此處達真詮。

此章標兩經宗旨，以示大道之淵源也。

大道非師不傳，非經不印。經者，千聖相傳之心印。然三洞真經，不啻數千卷，獨推陰符、道德兩經開山作祖者，以其道合天人，爲窮理盡性至命之真詮耳。然兩經宗旨，同而不同，異而非異。道德經直指自然之本體，其道從無入有，其機主順；陰符經專提歸根之作用，其道從有入無，其機主逆。即如篇中所引「虛無一炁」，順也，繼以「知常反本」，則逆矣；「同出異名」，順也，繼以「察地安民」，則逆矣。至于谷神之妙，先從玄牝立基，則順而未始不逆；相盜之機，究竟無爲得證，則逆而未嘗不順：此又見道德、陰符有無不二、性命同源之妙也。然兩經文字，極其簡奥。陰符字僅三百，道德文止五千，自古上仙大聖，皆從此得大受用，後來著書立說者，終不能出其範圍。誠哉！其爲窮理盡性至命之真詮也。

第十三首

契論經歌講至真，不將火候著于文。要知口訣通玄處，須共神仙仔細論。

此章言火候之秘必假師傳也。

陰符、道德兩經，垂示真詮，爲萬古學道者作指南針，然其書乃直指歸根復命至真之要道，而未落丹經諸名相也。至漢魏伯陽真人，始準易象作參同契，見立鼎鑪、藥物、火候諸名相。大約以乾坤爲鑪鼎，以坎離爲藥物，以餘六十卦爲周天火候，意玄而語奥，遂稱丹經鼻祖。從此接踵而起者，有論，有經，有歌，横說豎說，無非以寓言發明至真之理。其所陳者，卦爻銖兩；所用者，年月日時。此特火候之名相耳。至真之訣，雖隱然在中，却又引而不發。其中玄妙，須得聖師口口相授，片言指破天機，則紙上陳言，總言源頭活水，紫清真人所云「都來半句，貫串萬卷丹經」是也。否則雙眼黑漆漆地，縱有解會，一似鏡裏觀花，水中捉月，何處著眼，從何處下手哉！蒲團子按：「以餘六十卦爲周天火候」，原作「以餘六十四卦爲周天火候」，據文義改。

第十四首

饒君聰慧過顏閔，不遇師傳莫强猜。只爲丹經無口訣，教君何處結靈胎。

此章言金丹大道非師傳不明也。

上章言口訣必待師傳，信矣。或疑世有聰慧絕人者，似可無待于師。殊不知，性由自悟，命假師傳，自古到今，未有無師而得證盡性至命之大道者。所以黄帝拜訪于崆峒，孔子特詢乎柱下，此兩聖者，豈不慧過顏閔者哉？彼其求師問道，何其勤勤？正以道妙不可强猜耳。即如陰符、道德兩經，所言知常反本、察地觀天底道理，只在眼前，然未遇真師，無異水中捉月、鏡裏觀花，令人何處下手？又況從來丹經所述藥物、火候之秘，曲譬廣喻，名相離奇，有不目眩神驚者乎？明之尚且不易，矧能如法行持以結聖胎乎？學道者，當急訪真師，以求真訣，毋得蹉跎歲月也！然則丹經竟無用乎？曰：真訣元在丹經中，正如僧繇畫龍一般，未經點睛，尚是壁間之龍，一朝點出，便破壁而飛去矣。點睛之妙，存乎真師。

第十五首

夢謁西華到九天，真人授我指玄篇。其中簡易無多語，只是教人鍊汞鉛。

蒲團子按：「西華」，原作「華西」，後文註解作「西華」，世傳悟真篇諸本多作「西華」，故依之作「西華」。

此章言真師口訣只在汞鉛二物也。

汞本無質，喻妙有中真空；鉛却有形，喻真空中妙有。妙有中真空，即先天祖性，乾是也；真空中妙有，即先天元命，坤是也。在後天，性寄于心，故乾破爲離，離之中虛者，乃真汞也；命寄于身，故坤實爲坎，坎之中實者，乃真鉛也。學道者，能取坎中之陽，點離中之陰，纔復還先天乾體。此鍊後天兩物以成金丹也。到得兩物合體，化作先天一炁，始號真鉛，却又只是一物，此名外藥。復加採取而烹鍊之，一點落上黃庭，凝結聖胎，此名內藥。更須抽鉛添汞，鍊之又鍊，反于虛無，始稱真汞。鉛盡汞乾，纔得超凡入聖。此鍊先天一炁以成大還丹也。大抵以真鉛喻身，真汞喻心，鍊真鉛所以了命，鍊真汞所以了性，性命齊了大道畢，豈非至簡至易之真詮乎？

我紫陽張祖，當年于西蜀成都青城山，面遇海蟾劉祖，拜受金丹秘訣，後因誤傳獲譴，隱名著書，遂并其師承而隱之。篇中性命微言，皆劉祖口授，而付之一夢，其意良深。以西蜀爲西華，以真授爲夢授，以「指玄」二字隱躍「悟真」，無非活句。若作實法會，便是癡人夢矣！

第十六首

用鉛不得用凡鉛，用了真鉛也棄捐。此是用鉛真妙訣，用鉛不用是誠言。

此章揭示真鉛之妙用也。

上章鉛汞對舉，而此單舉真鉛者，點出金丹大藥，令人知下手處也。蓋真鉛，是先天一炁，從虛無中來者； 凡鉛，乃凡精凡炁也。然對坎離二物而言，身中凡精凡炁，總屬凡鉛； 就先天一炁而言，則離中至陰之精，坎中至陽之炁，又屬凡鉛矣。直到二物會合，產出一點真種，纔算得真鉛。真鉛即金丹也，即所謂「先天一炁從虛無中來」者。學者既識得此真種，採取而鍛鍊之，是名金液還丹。更加溫養乳哺之功，捐之又捐，以至虛無，消盡後天陰滓，渾然一片先天，法身圓明，與太空同體，是并其真鉛而棄捐之矣，況凡鉛乎？雖不用鉛，其初却又用鉛；雖似用鉛，竟究又不用鉛。從有爲而入無爲，即了命而兼了性，豈非西華所授之妙訣，即從上諸祖之心印乎？古詩云：「用鉛不用鉛，須向鉛中作。及至用鉛時，用鉛還是錯。」正見用而不用，不用而用，顛倒顛之妙。凡篇中所云真鉛，與此同看。

第十七首

竹破須將竹補宜，抱雞當用卵爲之。萬般作數徒勞力，怎似真鉛合聖機。

此章中言真鉛爲還丹真種也。

真鉛固是先天一炁，不落形質，然必須後天同類之物有以致之。蓋後天不得先天無以變化，先天不得後天無以招攝。離中至陰之精，坎中至陽之炁，雖屬後天，即真鉛之所自出也。兩者一合，真鉛自生。此中招攝之妙，有如用竹補竹，用卵抱雞，自然無中生有，反本還源，後天形質，纔得真鉛點化，自然超凡而入聖矣。除却坎離二用，總屬非類，何以致真鉛而合聖機哉！

第十八首

未鍊還丹莫隱山，山中前後盡非鉛。此般至寶家家有，自是時人識不全。

此章言真鉛作用不可偏于守靜也。

坎離兩物會合，方稱真鉛。真鉛即金丹也。既得真鉛，再加向上工夫，採取而鍛鍊之，方稱金液還丹。還丹既得，更加九年面壁之功，直到一塵不染，萬境皆空，纔合隱山法象。還丹未熟，且當求之于廛市可也。若便灰心冥目，關閉六窗，隔絕前後，則外藥之用，從何而生？故曰：「未鍊還丹莫隱山，山中前後盡非鉛。」

真鉛之體，產自先天，雖則人人具足，然非真師點破，識之甚難。非金石凡藥，非彼家邪穢，并非身中精炁。倘離此數者，息心內守，又未免獨修一物，落斷滅種性邊見。如入深山而求鉛，必不可得矣。可惜至寶，不遇真師點破，遂人人當面蹉過。故曰：「此般至寶家家有，自是時人識不全。」

此章言復命之功，不專守靜。「隱山」之象甚奇，當與「廛市」、「閉尾閭」兩首參看，方知其奧。

第十九首

虛心實腹義俱深，只爲虛心要識心。不若鍊鉛先實腹，且教守取滿堂金。

此章言立命之功先于了性也。

道德經云：「虛其心，實其腹。」此兩句意義深遠，舉世莫能窺測。蓋實腹是有爲之功，所以了命；虛心是無爲之妙，所以了性。心體本同太虛，空空洞洞，萬象俱涵，一物不著。人能一念回機，直下識取本來面目，則心不期虛而自虛矣。此乃高尚之士先了性而後了命者，所謂修上一關，蓋下二關也。中下之流，到此便無站脚處，不若先做鍊鉛工夫以實其腹。命根既固，方可徐徐了性。然真鉛亦未易鍊也。凡夫心擾慾牽，刻刻向外馳求，耗散本來，如金玉滿堂，莫能守之。何以守？只索收視反聽，絕利一源，以招致先天一炁而已。六根大定，反乎先天，是爲真鉛。真鉛既得，命其永固而復矣。鍊之又鍊，從有爲入無爲，直到性地圓明，而心亦虛矣。

「虛心」「實腹」二義，雖有了性了命之殊，而未嘗不同歸。可見聖意雖深遠難測，而未嘗不可測也。

以上數章，俱發明先天真鉛之妙。欲鍊真鉛，必須從取坎填離起手。故下章緊接坎離二物。

第二十章

日居離位反爲女，坎配蟾宮却是男。不會此中顛倒意，休將管見事高談。

此章言坎離顛倒之妙，乃真鉛所自出也。

金丹之妙，只在真鉛。真鉛之用，不出坎離二物。離爲日，日乃太陽真火，是先天乾父法象。不知乾破爲離，乾父反爲中女矣。坎爲月，月乃太陰真水，是先天坤母法象。不知坤實爲坎，坤母反爲中男矣。此先天轉作後天，顛倒之妙也。若能再一顛倒，則離中一陰，復歸于坤，坎中一陽，復歸于乾，親上親下，各從其類，後天不又轉作先天乎？不會此中顛倒之妙，而高談闊論，何異以管窺天？可發一笑。世人不知道而妄談道，祖師所以三歎也。

顛倒之妙，詳見下章。

第廿一首

震龍汞出自離鄉，兌虎金生在坎方。二物總因兒產母，五行全要入中央。

此章言金木之用總歸真土也。

丹道以水火爲體，坎離是也；以金木爲用，震兑是也。究竟四象不離二體，後天震居正東，即先天離位，所以震中木汞，出自南方離火，故云「龍從火裏出」也；後天兑居正西，即先天坎位，所以兑中鉛金，生自北方坎水，所謂「虎向水中生」也。火反生木，水轉生金，母子顛倒，故曰「二物總因兒產母」。東三南二北一西四，會歸中黃真土，始成金丹，故曰「五行全要入中央」。

上章言水火以立體，此章言金木以致用，合之而四象全矣。其要總在中土。

第廿二首

離坎若還無戊己，雖含四象不成丹。只緣彼此懷真土，遂使金丹有返還。

此章言真土之功，能合四象而成金丹也。

真土者，真意之別名也。當其寂然不動，是爲己土；及其感而遂通，是爲戊土。其體則一，其用則二。體在中央宮，用寄坎離。蓋坎中納戊，離中納己，若非流戊就己，則金木水火，各散而不能成丹。惟真意一到，纔能調和身心，攝伏魂魄，四象合做一家，反本還源，只在刹那間，而金丹大藥結矣。真土之功，不亦大乎？

第廿三首

火生于木本藏烽，不會鑽研莫强攻。禍發必因斯害己，要須制伏覓金公。

此章言金木相制之功也。上章說四象歸于戊己，是總言金丹妙用。此又分而言之。

木體，喻人生而靜之性； 木中生火，喻感物而動之情。 情藏于性，本自寂然，只因六根門頭，觸境逢緣，處處粘著，引起業識，倏生忿慾。 忿慾一起，即能焚却太和元炁。 猶之火藏于木，本自宴然，只因鑽木發火，烽焰一發，即能焚却本身矣。 所謂禍發必尅而害己也。 此豈可以私智鑽研强爲攻治乎？ 必欲制伏，非水中之金不可。 蓋木性輕浮，金性沉而又重。 木汞本流走不定，一見金鉛，自然受制，六根門頭，處處勒轉，纔得轉識成智，反情爲性，從此定水湛若，慧火長明，忿不懲而自懲，慾不窒而自窒，而寂然不動矣。 金既制木，水即制火，豈復有禍發必尅之患乎？ 此即金丹顛倒之妙也。

第廿四首

金公本是東家子，送在西鄰寄體生。 認得喚來歸舍養，配將奼女結親情。

此章言以鉛入汞也。

先天羲易，本離東而坎西，故取東家而西鄰之象。 金公是坎中真陽，因乾破成離，而陷坤宮以成坎者，豈不猶東家子而寄養西鄰乎？ 真陽雖然流落在外，面目依稀，急須認取。倘能以真意爲媒，取出坎中真陽，配合離中真陰，二物歸于土釜，金情木性，自然兩相和協，金丹得熟矣，豈不猶配奼女而生嬰兒者耶？此亦顛倒之妙也。

第廿五首

奼女遊行各有方，前行須短後須長。歸來却入黃婆舍，嫁个金公作老郎。

此章言以汞投鉛也。

離中流珠，喻後天人心，其性喜走，出入無時，流連前境，未肯退藏，若女子之好遊然。本自一精明，分爲六和合，六根六塵，隨其所向，而晝夜奔馳，何時得休歇乎？不知涉境則覽物招愆，退藏斯安身得地。譬若女子在母家之日宜短，在夫家之日宜長，自有一定安身立命之所在。故曰：「奼女遊行各有方，前行須短後須長。」學道之士，必須刻刻回光，時時反照，把這流珠一點，收歸中黃神室，即取坎中真陽以制伏之。若女子嫁夫之後，宜室宜家，克相夫子，而不敢妄動矣。故曰：「歸來却入黃婆舍，嫁个金公作老郎。」

離宮取得坎中一陽，反而爲乾，老郎之象，此章與上章反覆一意。上章言招男以配女，此章言嫁女以配男，總是離坎顛倒法象。祖師以世間法，喻出世法，大殺婆心，令學者易曉耳，切不可泥「男」「女」字面，流入淫穢，以招上蒼之譴也。

第廿六章

取將坎位中心實，點化離宮腹内陰。從此變成乾健體，潛藏飛躍總由心。

此章直言取坎填離，復還乾體，乃金丹之關鍵也。

自「日居離位」，章章言乾坤顛倒而爲坎離，以下章章說坎離。蓋後天之坎北離南，即先天之乾坤也；後天之震東兑西，即先天之坎離也。水火，坎離之體也；金木，坎離之用也。坎中納戊，離中納己，是爲真土，調水火而和金木者也。金木喻爲龍虎，水火喻爲汞鉛。鉛又喻名金公，汞又喻名姹女，真土又喻名黄婆。千言萬語，究只是一坎一離。坎中一陽，依然先天乾體，道心之象也；離中一陰，夾帶後天坤質，人心之象也。道心本純乎天理，人心則未免流入私欲矣。學道之士，觀天道而執天行，能取坎中天理之陽，點破離中人欲之陰，是爲克己復禮。從此人心悉轉爲道心，而乾體復矣。蓋由惟精以致惟一，即顛倒之妙也。其初，乾坤顛倒而爲坎離，先天遂轉作後天；　其既，坎離顛倒而爲乾坤，後天轉作先天矣。　乾體既復，變化乃生，六位之中，或潛或見，或躍或飛，周天火候之樞機，便是乘龍御天之作用。　千變萬化，一切惟心，所謂乾元用九，乃見天則，而出聖入神之基得矣。

取坎填離爲金丹徹底關鍵。　此章結上以起下，又爲篇中通身關鍵。　讀者急須着眼。

第廿七首

先把乾坤爲鼎器，次搏烏兎藥來烹。　既驅二物歸黃道，怎得金丹不解生。

此章括言金丹之要道不離于有作也。

上章言取坎點離以還乾體，即金丹之要道也。　然使不知安鑪立鼎、烹鍊藥物，則丹道何由而成乎？　乾上坤下，爲坎離之匡廓，即鼎器也；　日烏月兎，乃乾坤之精髓，即藥物也。　學人于二六時中，先要收視返聽，須臾不離，從此身心混合，自歸并中黃神室。　故曰：　「先把乾坤爲鼎器，次搏烏兎藥來烹。」身心既混合而歸中黃，三家相見，自然打成一片，而結聖胎，火候在其中矣。　故曰：　「既驅二物歸黃道，怎得金丹不解生。」

據星家書，月行有九道，其中爲黃道，日月會合在黃道中間。烏兎即日月也，日月即坎離也。安鑪鼎而搏藥物，即上章所云取坎點離也； 歸黃道而生金丹，即上章所云變成乾體也。只此四句，而鼎鑪、藥物、火候，無不該括。故曰：「此括言金丹有作之要道也。」下章乃逐節分言之。

第廿八首

安鑪立鼎法乾坤，鍛鍊精華制魄魂。聚散絪緼成變化，敢將玄妙等閒論。

此章申言安鑪立鼎之妙也。

日中烏爲日精，月中兎爲月華。日本太陽真火，月爲太陰真水。太陰之體，本來黑暗無光，映日中太陽真火，乃生其光。其黑而無光處，所謂地魄也； 其映日而生光處，即所謂天魂也。兩家合成，元是一物。人生之真日真月亦然。離外陽而内陰，其中一陰，乃太陽之真精也； 坎外陰而内陽，其中一陽，乃太陰之真華也。學道之士，必須以離中真火，反照坎宮，坎中之精華，自出而應之。正猶月魄生明，一陽來復矣。所以金丹下手工夫，必先安鑪立鼎，而後鍛鍊藥物。收視反聽，乃安鑪立鼎之初功。身心一如，則鍛鍊制伏之妙用也。身心會合，打成一片，真種纔得入手，而有絪緼變化之證驗。就如天魂地魄，總是一機；日精月華，元非兩物。其中機竅，至玄至妙，必須真師親授，豈可看作等閒家具而高談闊論乎？孟子所謂「難言」者，此也。

此章單言安鑪立鼎，而藥物、火候已在其中。

第廿九首

噏精納氣在人行，有物方能造化生。鼎内若無真種子，猶將水火煮空鐺。

此章申言藥物須得丹頭也。

金丹一道，既知安鑪立鼎，便須討論藥物也。藥物之僞者，人人能行之。一說到真種子，則舉世茫然矣。試看噏津納氣，不過旁門小道，其中亦必有主宰底人行之方驗。況金丹大道，烏有其中無物而能自造自化者乎？太上云：「有物渾成，先天地生。」此物生天生地生人，無所不至，無所不化。在人爲未生以前面目，萬劫不壞底元神；在丹道爲真意，即鍊藥之丹頭也。即如嬰兒在母胎時，母呼亦呼，母吸亦吸，塊然而已。及至氣足形完，一點靈光入于其中，纔收住一點元神，安在中宮，然後精結炁聚，結成胚胎，從此歸根復命，宇宙在乎手，造化生乎身矣。故曰：「有物方能造化生。」蒲團子按：「纔收住一點元神」，道藏輯要本作「纔得『囝』地一聲而成人。金丹作用，亦復如是，必須真意大定，收取一點元神」。

物者，渾成之物，即真種子也，即黃中真意也。學者若不知安一點于中宮，則神室中無主人，精炁暫結終散，若空鐺然，雖强以水火燒煮，而大藥之丹頭已失矣。故曰：「鼎內若無真種子，猶將水火煮空鐺。」此祖師提示丹頭，喫緊爲人之句。須知此處諸訛不少，一切旁門罕知真種，除彼家、鑪火而外，有以凡精爲真種子者，有以凡氣爲昭昭靈靈底識神爲真種子者，所謂「無量劫來，生死幻態人，喚作本來人」也。昧却本來人，何處更覓真種子乎？蒲團子按：「有以凡氣爲昭昭靈靈底識神爲真種子者」，道藏輯要本作「有以凡氣爲真種子者，有以昭昭靈靈底識神爲真種子者」；「無量劫來，生死幻態人，喚作本來人」，道藏輯要本作「無量劫來，生死本癡人，喚作本來人」。

此章單言真種，而鼎鑪、火候已在其中。

第三十首

縱識硃砂及黑鉛，不知火候也如閒。大都全借修持力，毫髮差遲不

作丹。

此章申言金丹之要全仗火候也。學道者既識真種，纔用得坎離二物。硃砂乃離中之汞，黑鉛乃坎中之金，此即金丹藥物也。識藥猶易，行火甚難。蓋火非藥不生，藥非火不成，若徒知藥物而不知火候，豈能有所成就哉？火候之秘，只在真意。大約念不可起，念起則火燥；意不可散，意散則火冷。只要一念不起，一意不散，時其動靜，察其寒温，此修持行火之功，所以倍難于得藥也。倘毫髮有差，則一殺那間，鉛飛汞走，大藥喪在俄頃矣。可不戒哉！

究竟「火候」二字，何所著落？真火者，我之神；真候者，我之息。以火鍊藥而成丹，即是以神馭炁而登道也。此火候之真種子也。

此章專言火候，而藥物、鑪鼎已在其中。須知鑪鼎、藥物、火候，名雖分三，其實則一，皆是空名而無實義，非圓機之士，何足以語此？

第三十一首

黑中有白爲丹母，雄裏藏雌是聖胎。太乙在鑪宜慎守，三田聚寶應

三台。

此章言三家相見爲金丹至寶也。如上所言鼎鑪、藥物、火候，分而言之也。此又合言之。

藥物之秘，無過坎離。黑中有白，乃坎中赫赫之至陽；雄裏藏雌，乃離中肅肅之至陰：此兩者爲金丹之母而聖胎之本也。兩者交通和合，是名太乙含真炁，而真種已在鑪中矣。學者到此，只消用天然真火，知黑守白，知雄守雌，緜緜若存，勿忘勿助，元精自然化炁，元炁自然化神，元神自然還虛，身中三寶，會聚三田，而應上天三元之象矣。此言會三歸一以成金丹也。

第三十二首

恍惚之中尋有象，杳冥之內覓真精。有無由此自相入，未見如何想得成。

此章言兩弦之炁合而成金丹也。

蓋金丹大藥，非坎離二物交會，無由而成。道德經云：「恍兮惚兮，其中有物；杳兮冥兮，其中有精。」恍惚中有物，是謂無中有，指離中真陰也；杳冥中有精，是謂有中無，指坎中真陽也。于恍惚之中而尋有象，杳冥之内而覔真精，此乃不尋而尋，不覔而覔，便是真意作用。打合兩家，歸會中土，有無從此交入矣。然此恍惚杳冥，乃實地，非虛景也。學人須親見親證一番，大藥乃得成就。若未見而想像之，何啻水中捉月、鏡裏觀花，其能成就金丹大藥乎？

悟真篇闡幽下卷

第三十三首

長男乍飲西方酒，少女初開北苑花。若使青娥相見後，一時關鎖在黃家。

此章言金木交并以結金丹也。

丹道以水火爲體，金木爲用。震是長男，即離中木液也，龍也，汞也；兑爲少女，即坎中金精也，虎也，鉛也。丹道驅龍就虎，離中木液，先到西方，坎中金精，即出水以應之。故曰：「長男乍飲西方酒，少女初開北苑花。」此龍虎初弦之炁也。二炁將見未交之際，只在一時，須得真意和合，引歸黃中正位，從此金木交并，而結一黍米玄珠矣。故曰：「若使青娥相見後，一時關鎖在黃家。」青者，東方之色；娥者，少女之相；見者，喻震兑始交也。

自此以下，俱言并兩爲一金丹作用。

第三十四首

華嶽山頭雄虎嘯，扶桑海底牝龍吟。黃婆自解相媒合，遣作夫妻共一心。

此章申言金木交并以結聖胎也。

華嶽山，是西嶽。西爲金方，數得四。虎本屬陰，雄虎乃陰中之陽，蓋言坎中之真鉛，即金情是也。蒲團子按：「金情」，原作「金精」，據後文當爲「金情」，故改。扶桑海，是東海。東爲木位，數得三。龍本屬陽，牝龍乃陽之陰，蓋言離中真汞，即木性也。龍吟雲起，虎嘯風生，兩物相交，有夫婦之象。更以真意爲黃婆，媒合兩家，使木性金情，并而爲一，歸到黃中，而聖胎結矣。

此亦金丹法象也。

第三十五首

西山白虎正猖狂，東海青龍不可當。兩手捉來令死鬬，化成一片紫金霜。

此章申言金木交并以產大藥也。西山白虎，即「華嶽山頭雄虎嘯」，喻身之不易伏也；東海青龍，即「扶桑海底牝龍吟」，喻心之未易降也。惟能以真意渾合身心，打成一片，此則把柄在手，并兩歸一而大藥生，自然化成紫金霜矣。

與上章相似。

第三十六首

赤龍黑虎各西東，四象交加戊己中。復姤自茲能運用，金丹誰道不成功。

此章言四象和合以成金丹也。

以上俱言金木二用，究竟西方兑金出自北方坎水，東方震木出自南方離火，言二用已該四象矣。故不曰「青龍」「白虎」，而曰「赤龍」「黑虎」。坎中納戊，離中納己，即中央真土也。和合四象，含于真土中，所謂「精神魂魄意，攢簇歸坤位」，而金丹大藥產矣。從此一陽爲復，而天根動盪于東北；一陰爲姤，而月窟收斂于西南。兩弦之氣合而爲一，金丹之功豈不成乎？

第三十七首

月纔天際半輪明，早有龍吟虎嘯聲。便好用功修二八，一時辰内管丹成。

此章言採龍虎兩弦之氣而結金丹也。

月圓于既望，人皆知爲金丹法象，不知月之所以圓，由兩弦之氣合成，即參同契所云「二八共一斤」也。用半輪，即用一輪也。上弦兑體，象白虎；下弦艮體，象青龍：所謂「以身心分上下兩弦」也。身心交含，便有龍吟虎嘯之象。即以真意攝伏身心，兩弦合成一炁，收歸坤鑪，不出一時辰，而金丹已成矣。

通上數章，俱說打合龍虎兩弦之炁以結金丹。不出一時而丹成，見其至簡至易也。孰知一時，亦虛象也。

第三十八首

赫赫金丹一日成，古仙垂語實堪聽。若言九載三年者，總是推延疑日程。

此章言金丹之妙道，機決于一日也。

上章言既取龍虎兩弦之炁以結金丹，而一時即成。可見金丹一道，至簡至易，雖愚昧凡夫，得之立超聖地矣。奈世人不知大道之簡易，又爲金丹中三年九載之說所惑，尚且疑根未淨，妄起下劣之見，躭誤一身，豈知得丹之候，究竟極其簡易乎？古仙云：「本來真性號金丹，四假爲鑪鍊作團。」既知金丹是本來真性，則上根利智，當可以了得。一旦放下身心，不染不着，心地廓然，真性自見。性復而命在其中矣。金來歸性，乃稱還丹。故曰：「赫赫金丹一日成。」此即達摩西來所謂「一念回機，便同本得」、孔子告顏淵所謂「一日克己復禮，天下歸仁」底境界，實乃向上一機，千聖心印。不特古仙垂訓，抑亦三教同源，學人所宜直下承當者也。

纔說九載三年便是鈍根小器推諉遷延、玩日愒月之曲說，豈篤論乎？蓋不知真性見前，無可推諉處、無可遷延處也。然則丹經所說九載三年之說何居？曰：理須頓悟，如初生孩子，頓具百骸；事以漸修，如長養成人，必經歲月。縱使積累之功，畢竟到九載三年，何妨于一日之頓具乎？噫！根性猛利者，當從此單刀直入矣！

或疑上章既言「一時」，此章何以又換作「一日」？殊不知「一時」「一日」，總虛象也。只要識得迅疾之機、攢簇之妙，一任易時爲日，易日爲時，無乎不可。

第三十九首

敲竹喚龜吞玉芝，鼓琴招鳳飲刀圭。近來透體金光見，不與凡人話此規。

此章申言金丹之證驗也。

上章言金丹成于一日，似乎至簡至易，沒甚奇特，然其中證驗，可與智者道，難與俗人言也。姑以法象言之，仍不外坎離二物。

竹者，虛中之物；　龜乃北方玄武之象，喻坎中一陽；　玉芝，喻離中真陰，所謂硃裏汞也。琴者，調和之器，喻黄婆也；　鳳乃南方朱雀之象，喻離中一陰也；　刀圭，喻坎中真陽，所謂水中銀也。

作丹之功，以中宮真意爲主，必先放下萬緣，虛心內照，倏然喚起坎中真陽，來與離中真陰交會，即以真意調和，招攝離中真陰，自然與坎中真陽相親相愛，合爲一炁。故曰：「敲竹喚龜吞玉芝，鼓琴招鳳飲刀圭。」

兩弦合體，結成金丹，從此美在中而輝生，宇大定而光發，透頂透底，放出金色寶光，自然照天照地，函蓋乾坤。此等境界，豈一切下劣、凡夫所能窺測乎？彼尚羣疑滿腹，諸妄塞胸，話之何益？故曰：「近來透體金光見，不與凡人話此規。」此係金丹確實證驗，非世人一切妄見虛象可以冒昧承當者。故我祖特地丁寧而讚歎之。

第四十首

偃月鑪中玉蕊生，硃砂鼎內水銀平。只因火力調和後，種得黃芽漸長成。

此章言并兩歸一而產藥也。

以上諸章，言兩弦之炁，和合爲一，而金丹大藥產矣。然非火候調停得宜，大藥未易生也。

偃月鑪，即玉池也；玉蕊，乃坎中真陽，即所謂水中銀也。硃砂鼎，即金鼎也；水銀，乃離中真陰，即所謂硃裏汞也。兩者不可偏勝，當得其平。然燮理之功，全仗火候調停而和合之。一念不起，一意不散，火候既足，真種自生，刹那之間，黃芽漸漸長成，勃然出土矣。

此言產藥時温養火候，不可不細參也。

第四十一首

休泥丹竈費工夫，鍊藥須尋偃月鑪。自有天然真火育，何須柴炭及吹嘘。

此章言產藥時真火候也。

上章鑪鼎對舉，而此直曰「偃月鑪」者，正指大藥將產、一陽初動之時也。何爲偃月？只因坎中真陽，與離中真陰，天然配合，神炁相守，息息歸根。有如晦朔之交，日月合璧，月魄既受日魂以成胎，至初三日，庚方之上，露出一鈎金性，乃成偃月之象，在卦象爲震仰盂，亦主一陽初動，即大藥入鑪真法象也。此惟委志虛無，湛然長寂，直到虛極靜篤，方可以致之。與後天一切渣滓之物，并一切起鑪作竈肚撰工夫，俱沒干涉。故曰：「休泥丹竈費工夫，鍊藥須尋偃月鑪。」

真藥既產，須假真火以鍊之。所謂真火者，豈有他哉？只是息息歸根，一念不起，一意不散，以俟真種之自化自育而已，豈待渣滓之物一毫幫補，與夫撟揉之功一毫費力哉？故曰：「自有天然真火育，何須柴炭及吹嘘。」

此章緊接上章，明示產藥之候，使學人知時而用火耳。

第四十二首

前弦之後後弦前，藥味平平氣象全。採得歸來鑪内煅，鍊成温養似烹鮮。

此章言大藥入鑪，當加温養之功也。

上章言鍊藥須尋偃月鑪，孰知兩弦之炁，便是金丹大藥乎？前弦，即上弦也；後弦，即下弦也。上弦金半斤，黑中有白；下弦水半斤，白中有黑。白者金精，黑者水基。但上弦之光，前黑而後白；下弦之光，前白而後黑。白處各得半輪。此云「前弦後」、「後弦前」，蓋專取水中之金也。兩个半輪，合成一輪，氣象各得其平，月斯圓，藥斯產矣。由是採歸偃月鑪中，鍛鍊而温養之，不敢燥急，不敢撓動，勿忘勿助，緜緜若存。火候既到，大藥自然圓熟。老子云：「治大國若烹小鮮。」其此之謂乎？

究竟何爲上下兩弦？身心是也。以真意和合身心，打成一片，便是鍛鍊工夫。又于意中忘意，便是温養工夫。切莫添出支節。此係產藥時養火之功，當與下章卯酉沐浴同看。

第四十三首

兎雞之月及其時，刑德臨門藥象之。到此金丹宜沐浴，若還加火必傾危。

此章言金丹沐浴之功也。上章只說温養，而沐浴已在其中。此又發明卯酉二用、刑德并含之義，正見不可不沐浴。以法象言之，在一歲爲二八兩月，在一日爲卯酉二時，大約是指點沐浴之候，切不可泥象執文。

卯屬兎，酉屬雞。木液旺在卯，此時陽中陰半，木中藏金，生處帶殺，是德中有刑矣；金精旺在酉，此時陰中陽半，金中藏木，殺處帶生，是刑中有德矣。兩弦真炁交會，只在一時間。此乃大藥入鑪、金丹凝結之候也。當將凝未凝之間，刑德并臨，生殺未定，此時大有危險。片時得藥，則刑轉爲德；頃刻喪失，則德轉爲刑。行功到此，必須洗心滌慮，放下萬緣，一念不起，一意不散。如此沐浴，大藥自然圓成。倘或纖毫念起，天真便散，未免德轉爲刑，而有傾危之患矣。沐浴之法，不過委志虛無而已，其功只在一刻中，所謂「卯酉特虛比」也。此係金丹第一關鍵，非聖師親授，不知其妙。

第四十四首

歐冶親傳鑄劍方，鏌鋣金水配柔剛。鍊成便會知人意，萬里誅妖一電光。

此章言金丹慧劍之用也。與上章沐浴工夫，一時并用。

祖師到此，不禁又突出一奇峯，即世間有形之神劍，喻丹道無形之慧劍。蓋鑄劍之法，必須金水淬厲而成。金丹之功，亦必由金水鍛鍊而得。金水兩弦真炁，一剛一柔，合而成丹，正猶神劍之有干將、莫邪配而成寶。兩弦妙用，必須真師口授，亦猶鑄劍神方之必傳自歐冶矣。故曰：「歐冶親傳鑄劍方，鏌鋣金水配柔剛。」

兩弦之炁，既妙合而凝，又以神鑪中真火，淬厲而鍛鍊之化成一炁，是爲吹毛利劍，又名慧劍。此劍鋒不可觸，觸之即喪身失命。妙在「知人意」三字。意者，中黃真宰也。意即是劍，劍即是意。近在目前，遠即萬里。當大藥入鑪之時，倘有陰魔來侵，只索用慧劍劈頭一揮，當下即埽蹤滅影矣。故曰：「鍊成便會知人意，萬里誅妖一電光。」

上兩句，言慧劍之體；下二句，言慧劍之用。非真有慧劍之可用也，仍是先天一點靈光耳；亦非真有妖之可誅也，不過念起即覺、閑邪存誠之別名耳。呂祖云：「吾有三劍，說與世人：一斷愛慾，二斷煩惱，三斷愚癡。」其即此劍也夫。

第四十五首

調和鉛汞要成丹，大小無傷兩國全。若問真鉛何處是，蟾光終日照西川。

此章直指真鉛之爲丹基也。

金丹大藥，只是真鉛一味，然必須兩弦合體，烹鍊而成。離中真陰爲汞，恍惚中真象也；坎中真陽爲鉛，杳冥中至精也。陽大而陰小，似乎不均。惟以真意調和之，庶幾兩弦之炁，各得其平，金丹乃成。故曰：「調和鉛汞要成丹，大小無傷兩國全。」

兩弦合體，方稱真鉛，與後天之凡鉛、凡汞迥別。蓋晦朔之交，日月合璧，會于黄道，太陰水魄吸取太陽金精，有金蟾之象。到初三日，一鈎見出金方，是爲金蟾吐光，而金丹大藥產矣。故曰：「若問真鉛何處是，蟾光終日照西川。」川者，水鄉；西者，金體。水中之金，是爲金丹。終日照者，即「赫赫金丹一日成」也。

此與上數章，同在一時。蓋温養沐浴既到，又得慧劍之用，金丹之功始圓。金丹圓而一陽復，便可採取烹鍊，而結大還丹矣。

第四十六首

八月十五玩蟾輝，正是金精壯盛時。若到一陽來起復，便堪進火莫延遲。

此章言大藥將產之候急須採取也。

上章云「蟾光終日照西川」，正指水中金而言，此所謂「金精」也。兩弦并列，合成一輪，月乃圓而爲望。八月建酉，而金旺于酉，正是金精旺極之時。所以月到中秋，光影異常。此喻坎離既交，水中之金，赫然外見，而大藥將出鑪矣。故曰：「八月十五玩蟾輝，正是金精壯盛時。」

水中金見，謂之活子時。此言金精壯盛，活子時到矣。純坤之下，一陽初復，急須採取，以作還丹之根基。故曰：「若到一陽來起復，便堪進火莫延遲。」

此言大藥將產，及時採取之作用也。

第四十七首

一陽纔動作丹時，鉛鼎温温照幌幃。受炁之初容易吉，抽添運火却防危。

此章申言採藥作丹之時宜防危慮險也。水中生金，一陽初動，所謂金精壯盛之時，即身中活子時也。此時藥苗新嫩，急須採取烹鍊之。呂祖云「温温鉛鼎，光透簾幃」，正指此時而言。故曰：「一陽纔動作丹時，鉛鼎温温照幌幃。」

學人到此，當及時進火。一升一降，浮沉老嫩之間，須要十分謹慎。慎之則片時得藥，是爲「受炁吉」；不慎則頃刻失喪，是爲「防成凶」。故曰：「受炁之初容易吉，抽添運火却防危。」抽添者，抽鉛添汞也，採藥之作用也；運火者，上升下降，鍊藥之火候也。

上章是候一陽初動而進火，此章便說進火之作用。前後相接如貫珠，章章皆然，讀者請著眼。

第四十八首

日月三旬一遇逢，以時易日法神功。守城野戰知凶吉，增得靈砂滿鼎紅。

此章申言金丹入鼎，妙用只在一時也。天上太陰，廿九日有奇而一周天，乃與太陽相會，是爲晦朔之交，日月合璧而生明。丹道之妙，簇年歸月，簇月歸日，簇日歸時，產藥之與採取，只在一時，其神功妙用，恰與造化合符。故曰：「日月三旬始一逢，以時易日法神功。」

藥之將產也，當虛以待之，是爲守城；藥之既產也，當動以應之，是謂野戰。此中火候，不可一毫差錯，即入藥鏡所云「受炁吉，防成凶」也。運火之際，若能慮險防危，趨吉避凶，則大藥出坤鑪而升乾鼎，養在黃庭，光明洞達而圓滿矣。故曰：「守城野戰知凶吉，增得靈砂滿鼎紅。」

此章又緊接上兩章，言一陽初動而進火。進火而能防危，則大藥入鼎而神光煥發矣。

第四十九首

玄珠有象逐陽生，陽極陰消漸剝形。十月霜飛丹始熟，此時神鬼亦須驚。

此章言金丹脱胎之證驗也。

上章所云「靈砂」，即指金丹大藥而言，乃先天一炁，必須得諸虛極靜篤、無思無爲中，莊子所謂「赤水玄珠，得諸罔象」也。于是採之烹之，鍊之養之，守城野戰之。功力既到，剝盡羣陰，露出一點乾元面目，金丹從此脱去胞胎，上升乾鼎，而造化之始基立矣。故有十月霜飛，胎圓丹熟之象。鬼者陰靈，神者陽靈也。玄珠成象，超出陰陽，鬼神莫測，其機烏得而不驚乎？須知金丹脱胎，與還丹脱胎迥別。此章以金丹而言，則陽極陰消，而有十月脱胎之象。以還丹而言，則又當陰極生陽，而爲一陽初動之時。此處最要辨得分明。尚有重安鼎鑪、再造乾坤一段工夫在後，不可不知也。

第五十首

瑤池飲罷月澄輝，跨个金龍訪紫微。從此眾仙相識後，海田陵谷任遷移。

此章申言金丹之可以立命也。

上章言十月脱胎，明乎金丹大藥，固已出坤鑪，而升乾鼎矣。瑤池乃金母所居，即坤鑪之法象也；紫微垣，乃天中巍巍尊高處，即乾鼎之法象也。金丹妙用，無過先天一炁。先天乍到之時，絪緼交合，如登瑤池而飲瓊漿，故曰「得之者，長以醉」。金精旺而蟾光盈，由是金丹大藥，脱出坤鑪，上升乾鼎，地中一陽直透九天，豈非「瑤池飲罷月色澄輝，跨金龍而訪紫微」之象乎？金丹升到天谷泥丸，便是鬱羅蕭臺，玉清聖境，百節萬神，到此無不聚會，當下與大羅仙眾覿面相識矣。任他滄海成田，桑田成海，高岸爲谷，深谷爲陵，而我之元神，永無起滅，終不變遷，方信太上所云「谷神不死」，是真實語。

上章言神鬼俱驚，此章言眾仙并會，方見金丹立命之功，如此神妙也。

第五十一首

休施巧僞爲功力，認取他家不死方。壺內旋添延命酒，鼎中收取返魂漿。

此章括金丹全功，以起還丹作用也。

上章言入瑤池飲瓊漿，即所謂「不死方」也。然何謂「他家」？性爲主，我也，內藥也；命爲賓，他也，外藥也。修鍊之士，先了命而後了性，須從外藥起手，饒他爲主，我反爲賓。顛倒之妙，篇中言之詳矣。一切勞形按引，服氣飡霞，總屬巧僞小術，徒勞而無功。惟有先天一炁，從虛無中來者，纔能不落形氣，超生了死。故曰：「休施巧僞爲功力，認取他家不死方。」

當其大藥將產，而採歸壺中也，是謂歸根復命，點既枯之骨而命可延。及其一陽起復，而深入黃庭也，是謂反本還原，收已散之靈而魂可返矣。故曰：「壺內旋添延命酒，鼎中收取返魂漿。」

主賓顛倒，到此纔了金丹作用，而還丹之功，從此起矣。更有下劣旁門，錯認「他家」二字，流入採補，其罪可勝誅哉？

第五十二首

雪山一味好醍醐，傾入東陽造化鑪。若過崑崙西北去，張騫始得見麻姑。

此章言金液還丹之作用也。

前章所云延命酒、返魂漿，俱是金丹大藥底證驗，既靈且妙矣。然非猛火鍛鍊以成還丹，則九轉之功未全。還丹妙用，究竟不離金水，故喻以「一味醍醐」。涅槃經云：「雪山有大力白牛，食肥膩草，糞皆醍醐，無青黃赤白黑色。」雪山，喻金方；白牛，喻金性之純白；一味醍醐，乃先天一炁從虛無中來者，即水中金也。金性不染不雜，堅固圓成，其初產自庚方，既而從西轉東，升于乾位，引入黃庭，採取而烹鍊之，豈非造化之大冶鑪乎？一切延命酒、反魂漿，到此悉化作醍醐上味，無二無別矣。故曰：「雪山一味好醍醐，傾入東陽造化鑪。」此尚帶金丹法象而言。

金丹大藥，既入在造化鑪中，候正子時一到，駕動河車，聚火載金，猛加鍛鍊，升至崑崙頂上，乾坤相見，交而爲泰，一點金液，依然落在黃庭，而聖胎始圓矣。故曰：「若過崑崙西北去，張騫始得見麻姑。」此乃大還丹之法象也。張騫，是男子窮河源者；麻姑，是仙姝。張騫乘槎逆流，直窮河源，過崑崙山頂，始見麻姑。總是顛倒乾坤法象，不必深求。

第五十三首

坎電烹轟金水方，火發崑崙陰與陽。二物若還和合了，自然丹熟徧身香。 轟，音「横」，是車聲也。

此章統言内外二藥而成大還丹也。

金丹作用，專取水中之金，所謂先天一炁從虛無中來者。坎電，喻水中之火。白紫青云：「造化無聲，水中火起，妙在虛危穴。」金水方，即虛危穴也。火烹雷轟，自此而起。只是採取一陽，引歸乾鼎以結金丹耳。以上俱説外藥，直至正子時到，一陽初動，纔用猛火鍛鍊，聚火載金，直達崑崙峯頂。從一陽之復，升到六陽而爲乾；從一陰之姤，降到六陰而爲坤。乾坤交媾罷，一點落黄庭，此即内藥也。内外兩種藥物，到此合爲一體，再加温養之功，還丹既熟，自然通身透亮，徧體生香，剝羣陰而爲純陽，點凡軀而爲聖胎矣。

此章言内外合一乃成金液還丹，下章方言温養之功。

第五十四首

要知鍊養還丹法，自向家園下種栽。不假吹嘘并著力，自然果熟結靈胎。

此章言還丹入鼎、長養聖胎之功也。乾坤交媾，一點真種，已落黄庭，是爲大還丹矣。猛烹極鍊之後，急須加温養工夫。然温養之功，别無巧妙，只在自家方寸地上，刻刻護持、時時培植，便是乳哺真種底方法，其功全在真息。必須優游自然，勿忘勿助，如龍養珠，如雞抱卵，此即天然真火也。真火赫赫長紅，何假吹嘘？緜緜若存，何須著力？火力既到，純亦不已，自然脱胎而神化矣。

此言温養還丹之功，與上面鍛鍊相爲表裏者也。

第五十五首

未鍊還丹須急鍊，鍊了還丹到此足。若也持盈未已心，不免一朝遭困辱。

此章言還丹既得，當守之以無爲也。蓋有爲所以了命，無爲所以了性。還丹鍛鍊之功，正所以了命也。丹基一日未立，命非我有。故曰：「未鍊還丹須急鍊。」然工夫雖妙，終落有作，未返自然，只可借此爲渡河之筏。既到彼岸，定須捨筏而見性矣。故曰：「鍊了還丹知止足。」

得丹之後，若依然向外馳求，不肯休歇，只管搬弄精魂，在有作有爲上尋活計，何異船到彼岸，尚戀筏而不肯捨乎？此不特性宗未徹，永無解脱之期，并其所得之命寶，亦弗能享用矣。故曰：「若也持盈未已心，不免一朝遭困辱。」蓋還丹未得，不知下德之有爲，則落空；還丹既得，不知上德之無爲，則又著相。此了命之功，所以必兼了性也。

第五十六首

否泰纔經萬物盈，屯蒙受卦稟生成。此中得意須忘象，若究羣爻漫役情。

此章言火候之妙，切不可泥象也。

以上數章，俱說大還丹作用，而火候在其中。火候法象，惟羲易足以印之。先天之易，取定位以立本； 後天之易，取交感以致用。故乾上坤下之卦，取其不交而爲否； 坤上乾下之卦，取其交而爲泰。乾坤交媾以後，正轉否爲泰之時也。其間陽火陰符進退之序，一剎那間，周天數足，諸卦諸爻，無不統攝矣。且乾坤之後，更受以屯蒙。序卦者，良有深意。蓋天地既交，則盈天地間一切萬物，自然莫不生成。震以一陽動乎坎下，象萬物之始生而爲朝屯； 艮以一陽止乎坎上，象萬物之既成而爲暮蒙。一生一成，即一動一靜也。還丹之妙，亦無過一生一成。其初，採藥物于曲江之下，聚火載之，而上升于崑崙，即朝屯之象，即天根之所以生也； 其既，媾乾坤于天谷之上，周天運之，而凝結于丹鼎，即暮蒙之象，即月窟之所以成也。至于三田聚寶，則萬物盈滿之象亦在其中矣。然丹道之用卦爻，但取一動一靜互爲其根之機，以寓進火退符之準，貴在得其大意之所在耳。若泥象執文，役役于朝屯暮蒙一日兩卦之序，何啻癡人說夢乎？ 大約火候之妙，全在「得意忘象」一句。祖師于此，特點破之。

第五十七首

卦中設法本儀形，得意忘言意自明。舉世迷人惟泥象，却行卦氣望飛升。

此章言得意忘象之爲真火候也。丹經中，鼎鑪藥物，龍虎鉛汞，種種建立，無非象也，又何疑于火候乎？故文不可執，象不可泥。即如屯蒙否泰等法象，如蟲蛀木，偶爾成文，何處可執泥耶？聖人立象之妙，譬如以手指月，月自在天，決不在指頭上。學人能得意而忘象，得象而忘言，則象中之意，自將朗然洞徹。倘或泥象執文，役役于朝屯暮蒙，一日兩卦，如法行持，便指望白日上升，豈非大惑不解之迷人乎？

此章畧與上章同。

第五十八首

天地盈虛自有時，能審消息始知機。由來庚甲申明令，殺盡三尸道可期。

此章申言卯酉周天之造化也。

火候之妙，準乎造化。造化氣機，只是一陰一陽。其中自有消息盈虛，與時偕行之妙。周天之大綱，以南北爲經，東西爲緯。觀于先天方位圖，乾南而坤北，日東而月西，則消息盈虛之機，概可見矣。大約盈則必消，消者殺機也；虛則必息，息者生機也。陽虛于子、盈于午，一到卯中，生機已不可遏； 陰虛于午、盈于子，一到酉中，殺機已不可迴。然生中有殺，殺中亦有生，生殺一時并到，此中消息之機，不可不知也。故曰：「天地盈虛自有時，能審消息始知機。」

還丹之妙，其周天火候，同乎造化。陰極陽生，六陽從地而生于子； 陽極陰生，六陰從天而降于午： 此南北之經也。有南北之經，自然有東西之緯。蓋人身中，一日一月，人人具足。日東月西，便分出甲木庚金。金木間隔，則水火之功尚未全。故當乾坤大交後，運行周天火候之時，急須用斗柄之機，斡旋身中日月。若璇璣之升降，循環不已。從下到上，從左到右，轉而又轉，戰退羣陰，使陰氣漸消漸虛，陽氣漸長漸盈，自然元精化元炁，元炁化元神，元神還太虛，身中之三尸自消，九蟲自滅。此乃轉殺機爲生機，而歸根復命之道得矣。故曰：「由來庚甲申明令，殺盡三尸道可期。」

三尸，乃人身中尸蟲，一名三彭。相傳以庚申日，上詣天曹，訴人罪過，奪命滅算。修真之士，能七守庚申，三尸自滅，然總不若鍊還之直截也。卯酉之正令一行，則陰盡陽純，三尸不守自然滅矣。

第五十九首

四象會時玄體就，五行全處紫光明。脱胎入口通神聖，無限神龍盡失驚。

此章言還丹脱胎之證驗也。

其初，四象會于中黄，金丹始結，玄珠已成象矣。再加聚火載金之功，逆上乾宫，烹之錬之，又從而温養乳哺之，剝盡羣陰，露出乾元面目，直到鑛盡金純，煙消火滅，方成一粒龍虎還丹，五氣俱朝于上田，三花皆聚于乾鼎，浩氣塞乎天地，慧光偏照于大千，豈非四象會而玄體就、五行全而紫光明之象乎？斯時也，重立性命，再造乾坤，變種性爲真性，轉識神爲元神，自造自化，不由天地矣。更須忘物忘形，積功累行，時時長養聖胎，直到瓜熟蒂落時候，靈丹應時脱落，吞入口中，倏然雲騰雨施，雷轟電掣，片晌之間，消盡一身陰滓，立地轉凡成聖，而爲鬼神所震驚、天龍所呵護矣，豈非通靈入聖而神龍失驚之象乎？

此處獨言「入口」，故知是還丹脱胎之象，與前面金丹脱胎迥然不同。大約此書已經再三校正，其工夫極有次第。首言大道源委；次言藥物鑪鼎；次言坎離交而成金丹，有採取温養之功；究言乾坤交而成還丹，有鍛鍊乳哺之功。一步步鞭緊到此，纔有脱胎神化底證驗。其中之先後次第，秩然不亂，讀者辨之。

第六十首

藥逢氣類方成象，道在虛無合自然。一粒靈丹吞入腹，始知我命不由天。

此章言還丹之妙用：可以造命也。

蓋還丹之功，始于有作，終則無爲。有作所以了命，無爲所以了性。其初，必取真陰真陽同類相感，方成大藥。到得玄珠成象，太乙歸真，乃反虛無而證至道矣。蓋道自虛無生一炁，一而二，二而三，遂至順流不窮。今者攢五簇四，會三歸二，而復反于一炁，豈非自然之道乎？此以了命而兼了性也。鍊之又鍊，靈丹從崑崙頂上應時脱落，吞入口中，從此宇宙在手，造化生身，我命在我，生死總不由上天矣。

此章緊接上章脱胎入口來，確是還丹證驗。入口、入腹，雖分兩象，口腹實無二義。須知，口非飲食之口，腹非臍腹之腹，遇真師自知之。

第六十一首

大道修之有易難，也知由我亦由天。若非積行施陰德，動有羣魔作障緣。

此章言體道之士當修德以格天也。

靈丹入腹，命由我而不由天。信矣。然此特爲了手者言耳。若下手之時，有易有難，未可概論。大約以真實心承當則易，以巧僞心襲取則難。一心真實，纔能上達乎天。若稍涉巧僞，即便隔絕天心，自取魔障。故造命之工夫，雖由乎我，而出世之機緣，實由乎天。此決言陰德不可不積也。行善而不求人知，謂之陰德。一切方便濟人、慈悲及物之事，若太上感應篇所載者，學道之士定當刻刻行持。行持之際，又當心安意肯，無所爲而爲之。切不可夾帶一毫計功謀利、邀求福報的念頭。倘或一念夾雜，便違心逆天，墮落魔眷屬中，而障却大道因緣矣。蓋世間魔障，一切皆從心造。一心積德，自然足以格天辨道。其機括仍由我不由天也。然則造造命之學，不特在了手後，即在下手時矣。蒲團子按：道藏輯要本「即在下手時矣」之後有「發心擔荷大道者，尤當三復此章」諸字。

第六十二首

了了心猨方寸機，三千功行與天齊。自然有鼎烹龍虎，何必擔家戀子妻。

此章言了心之究竟處也。

上章言大道必由功行。學道之士，定當積功累行，上合天心，行須八百，功必三千。似乎累世莫殫，畢生莫究矣。不知八百、三千，一切惟心所造，倘能一念回機，全身放下，方寸中空空洞洞，自然一了都了，三千之功，八百之行，當下立地圓滿，而與太虛天體，同其廣大高明矣。故曰：「了了心猿方寸機，三千功行與天齊。」此即真空而該妙有者也。

學者既悟空體，又須功行齊修。若一向空腹高心，全無因果，自以爲無修無證，最上一層法門，便是莽莽蕩蕩，自招禍殃矣。高尚之士，一朝頓徹，且把這个撥置一邊，仍舊去安鑪立鼎，採取藥物，行持火候，鍊成龍虎大丹，空不礙有，其妙如是。既知空不礙有，即知有不礙空。到此地位，根塵識想，一切消落，大地山河，俱同幻影。此身尚非我有，何有于家？又何有于田園、妻子種種身外之物？世間凡夫，苦守着田園，戀着妻子，一息尚存，不肯放下。豈知凡夫最貪著處，即道人大解脱處乎？此處本自然而然，不假排遣。故曰：「自然有鼎烹龍虎，何必擔家戀子妻。」此即妙有而該真空者也。

到此方知有作無爲，如火合火，盡性至命，如空合空，求其合一相且不可得，何況分而二之乎？此係祖師末後全提之句，舊解多失其意，特爲拈出，以告同志。

第六十三首

始于有作無人見，及至無爲眾始知。但識無爲爲要妙，誰知有作是根基。

此章結言金丹大道，當從有而入無也。上章已拈提空有不二宗旨，此遂直截指出，以爲通篇結尾。

世人但知有爲所以了命，無爲所以了性，不知其中自有緩急先後之序。有爲之功，在乎結丹，一切採取鍛鍊作用，必須乘時而應機。此其絕利一源、三返晝夜之功用，止可冷煖自知而已，人豈得而見之乎？及乎功深力到，百骸理而萬化安，身心一如，歸根復命，坐收清淨無爲之效，到此則美在其中，光輝發越，人皆得而知之矣。故曰：「始于有作無人見，及至無爲眾始知。」此言不落有爲，方見了手之妙，破世人執有之常見也。

到得無爲地位，形神俱妙，與道合真，自覺覺他，廣宣妙法，誰不望而心折、皈命投誠？孰知其初結侶入圜，死心鍛鍊，纔得建立丹基？有爲之功，若是其專且久乎？故曰：「但識無爲爲要妙，誰知有作是根基。」此言不墮無爲，方成起手之功，破世人執無之斷見也。

蓋有作是了命邊事，無爲乃了性邊事。學道者偏于有作，則着幻相；偏于無爲，則落頑空。一部悟真篇中，斷常俱遣，割截兩頭，句句全提向上，總是要人身心一如，有無不二，親證無上至真妙覺之道耳。到此乃雙掃雙鍵以結之，是通部一大關鍵也。

第六十四首

修行混俗且和光，圓即圓兮方即方。顯晦逆從人莫測，教人怎得見行藏。

此章言俗不礙道，乃出俗之妙用也。

道德經云：「和其光，同其塵。」此兩句頗難體會。蓋有道而不見其道，有德而不見其德，是爲和光。自此與世間愚夫愚婦一般面目，一樣舉動，入淨入垢，無所不可，是爲同塵。混俗，即「同塵」之別名也。大修行人，直到了手後，一塵不沾，六通具足，正好隨願度人，方便利物，即或垂手入廛，遊戲三昧，無所不可。以言乎行止，則或圓而或方；以言乎蹤跡，則或顯而或晦；以言乎機用，則或順而或逆。天地鬼神且莫測其行藏，而況于人乎？由是可以出世，可以入世，可以遯世，可以經世。潛見惕躍，總由乎心；仕止久速，各當其可。有如神龍之變化，淵乎妙哉！所以文王繫乾爻，至用九而垂無首之象；夫子見太上，于柱下而發猶龍之嗟。嗚呼！至矣！

五言四韻一首以象太乙之奇

女子著青衣，郎君披素練。見之不可用，用之不可見。恍惚裏相逢，杳冥中有變。一霎火焰飛，真人自出現。

此章統論金丹妙用，乃八十章之總結也。

金丹作用，不過取金木兩弦之炁合成。震木雖屬長男，然從離火中出，女子之象也，是天三生木，而地以八數包之，似乎男人女妝，故曰「女子著青衣」；兑金雖屬少女，然從坎水中出，郎君之象也，且地四生金，而天以九數包之，似乎女人男扮也，故曰「郎君披素練」。

夫此兩弦之炁，產于後天，孕在先天。當其形質未兆之時，便可取而用之。及乎形質既萌，已落後天陰炁，纔有可見，便不可用矣。故曰：「見之不可用，用之不可見。」

大藥將產未產之際，機欲動而未離乎靜，陽方生而未離乎陰。以其寂然不動，强名「杳冥」；以其感而遂通，强名「恍惚」。恍惚裏相逢，動不離靜；杳冥中有變，靜極生動。所謂一動一靜之間，天地人之至妙至妙者也。此時運火之功，洗心沐浴，只在霎時，而金丹真種得矣。豈非「一霎火熖飛，真人自出見」乎？

此一段是金丹工夫，再加向上之功，則脱胎神化，自然變見無方，超出輪迴，而與三清太上同其法身也。

祖師末了作此，以結束八十章，蓋由博歸約，返乎太乙之真也。

中下卷總評

此篇又不難于註而難于序。向來顛倒錯亂者，一切秩然成章，渾然無縫，雖天孫雲錦，何以加茲。至如註中宗旨，字字金針，只許同心數輩，冷煖自知耳。

悟真篇闡幽末卷

蒲團子按　原書無此標題，係愚據文義所加。

西江月

西者金之方，江者水之體，月者藥之用，一十二首以象周歲。

其一

內藥還同外藥，內通外亦須通。丹頭和合類相同，温養兩般作用。內有天然真火，鑪中赫赫長紅。外鑪增減要勤功，妙絕無功真種。

此章總括內外二藥，乃盡性至命之全功也。

大道本無內外，一到金丹作用，便分出內外二藥。其中有體有用，有賓有主。然古今知之者稀。祖師大煞慈悲，不妨爲學人旁通一綫。內藥屬先天，外藥却從後天反先天。蓋無修無證，天然具足者，謂之內藥；有作有爲，反本還原者，謂之外藥。內藥了性，體具中黃，即元神而攝精炁者也；外藥了命，用寄坎離，即身心而合真意也。元神本來寂然不動，感而遂通，寂不離感，感不離寂，內外之體同矣。當其寂也，一念不生，似乎無爲。及其感也，六根互用，又不礙有爲。内外之用通矣。故曰：「内藥還同外藥，内通外亦須通。」蒲團子按：道藏輯要本「不妨爲學人旁通一綫」後有「通部悟真篇無非指點内外二藥，到此纔明明點破耳」諸字。

先天一點靈光，圓陀陀的，便是大藥丹頭。高尚之士，識此丹頭，只消真意不散，元神内凝，身心兩家，自然和合而交感矣。此即内以兼外，從源而達流者也。中下之流，未易及此，必須鍊己立基，築完城郭，處于中以制其外，制于外以養其中，先要和合身心，元神纔凝。此即外以全内，從流而溯源者也。兩家作用，殊途同歸。故曰：「丹頭和合類相同，温養兩般作用。」

藥物既分内外兩種，則鑪鼎亦分内外兩處，而火候亦分内外兩用。大抵内鑪專在中黄，外鑪兼攝六根；内火候專主無爲，外火候兼于有爲。學道之士，須令元神坐鎮中黄，常應常靜，自然真息緜緜，與元神相依相抱，似鑪中火種，晝夜不斷。故曰：「内有天然真火，鑪中赫赫長紅。」

中黄便是内鑪，元神便是内藥，真息緜緜便是内火候。此即本體爲工夫，不增不減者也。此先天也。然後天有增有減之功用，即從此而出。凡人泄漏真性，多在六根門頭，故二六時中，必須回光返照，時時收拾身心，其功可不勤乎？爲學日益，故曰「增」； 爲道日損，故曰「減」。在工夫，則當增之又增； 在本體，則當減之又減。即增即減，直到無可增減處，自然元精化元炁，元炁化元神，元神還太虛，而無功真種出矣。蓋有增有減，尚屬工夫邊事。直到無增無減，纔是無功之功，無上至真妙道。有增有減的工夫，恰好合着無增無減的本體。此內外二藥，體相同而用相通者也。故曰：「外鑪增減要勤功，妙絕無功真種。」

蓋內鑪係中黃神室，元神不動，即內藥作用也。天然真火，內火候也，體也，主也，了性者也。外鑪係坎離二用，和合身心，即外藥作用也。增減功勤，外火候也，用也，賓也，了命者也。內外二藥，打成一片，體用同源，賓主交參，性命全修，以至形神俱妙，所謂合內外之道而一以貫之也。

其二

此藥至神至聖，憂君分薄難消。調和鉛汞不終朝，早覩玄珠形兆。志士若能修鍊，何妨在市在朝。工夫容易藥非遥，説破令人失笑。

此章言大藥至簡至易，即內以攝外者也。

上章言內外相同，纔稱金丹大藥。然有辨焉。外藥，後天之功也，出聖入神，必假作用；　內藥，先天之體也，即凡即聖，一切圓成。但恐性根淺薄，自家消受不起耳。大藥之用，無過真鉛真汞，身心是也。身心未易相合，須得真意以調和之。真意之不動處，即先天元神也。元神既復，身心自然打成一片，而玄珠成象矣。到此即神聖功用，當下立證，曾不終朝，所謂「赫赫金丹一日成」也。奈何世人不信，往往勞形苦己，離妻入山，以爲修鍊。不知修鍊之功，全在心地。但使心地潔淨圓明，一切不染不昧，雖處市朝，何異深山窮谷？所謂「大隱居廛市」，是真修鍊矣。蓋「身」「心」兩字，便是大藥。先天一點元神，便是大藥底丹頭。這个丹頭，人人具足，只因未遇真師點破，日用不知，不信大藥至邇、工夫至易，而求諸遠且難者，遂致當面蹉過，甘作凡夫。一旦點破，方知即此人人具足者，便是金丹大藥；　即此日用不知者，便是天然真火；　即此甘作凡夫者，便可出神入聖。圓通無礙，有不啞然失笑乎？老子所謂「不笑不足以爲道」也。

此章言即內藥以攝外藥，直證無爲，了性而命在其中，所謂「修上一關，蓋下二關」者也。

其三

白虎首經至寶，華池神水真金。故知上善利源深，不比尋常藥品。若要修成九轉，先須鍊己持心。依時採取定浮沉，進火須防危甚。

此章言大藥必假作爲，即外以全內者也。蓋內藥無爲，所以了性；外藥有爲，所以了命。了性者，即一以該兩，其機關至簡至易；了命者，即兩以反一，其作用極玄極微。

金丹作用，須從和合四象起手。四象者何？地四生金，其象爲白虎，中藏天一真水，是名「首經」，而爲至陽之寶。故曰：「白虎首經至寶。」天三生木，其象爲華池，中藏地二真火，是名「神水」，而爲至真之金。故曰：「華池神水真金。」

金木水火，分之名雖有四，合之只是坎離二物。二物逆轉，便合成先天一炁。先天一炁，從虛無中來，源潔流清，絕無纖塵夾雜，參同契所謂「上善若水，清而無睱」是也。故曰：「故知上善利源深，不比尋常藥品。」

離中一陰屬己土，己之象也，人心惟危，法當鍊而消之；坎中一陽屬戊土，心之象也，道心惟微，法當保而持之。鍊己持心工夫，久久純熟，到得虛極靜篤，大藥方生。即此一時，便全九轉之功矣。故曰：「若要修成九轉，先須鍊己持心。」

大藥一生，必須採取。採取之候，在坎離乍交，一陽初動之時。潭底日紅，沉之象也，息念以守之，當虛己以待時；黃芽出土，浮之象也，用意以採之，當乘時以進火。此中消息，冷煖自知而已。候未到而遽採，是謂先時，先時則藥太嫩；候已到而不應，是謂不及時，不及時則藥太老。毫髮差遲，便不作丹，而可危矣。故曰：「依時採取定浮沉，進火須防危甚。」

此章言外藥作用，從有作以反無爲，了命而性在其中，所謂「從下二關，透上一關」者也。此處「浮」「沉」二字，與上卷不同。上卷指坎離交會時說，此處却說採藥進火的時候。當細辨之。

其四

七反硃砂反本，九還金液還真。休將寅子數坤申，但看五行成準。本是水銀一味，周流歷徧諸辰。陰陽數足自通神，出入不離玄牝。

此章言大藥反還之妙，合內外而言之者也。

蓋內藥之體在谷神，不離玄牝；外藥之用在二物，須要反還。然七反九還，其象出自河圖。天一生水，地六成之，坎屬水而數得七，已含火象。其中一點實處，本是乾家太陽真火。火結爲砂，豈非硃砂之象乎？地二生火，天七成之，離屬火而數得九，已含金象。其中一點虛處，本是坤家太陰真水。金化爲水，豈非金液之象乎？學道之士，必須取離中這點真陰，還于坎宮而成坤，便取坎中這點真陽，反于離宮而成乾，是謂反本還原，而先天之體復矣。故曰：「七反硃砂反本，九還金液還真。」蒲團子按：道藏輯要本「然七反九還」後有「顛倒逆運之妙，豈易知哉？何謂七返九還」諸字。

其初以北方之水，反爲南方之火，既而以南方之火，還爲西方之金。以火鍊金，是名金丹。鍊成純乾，是名金仙。彼河圖之翻作洛書，金火互換，先天之轉爲後天，離居乾位，皆此意也。世人不知造化之妙，遂以自寅順數到申爲七反，自申逆數到子爲九還，可發一笑。豈知水火一生一成，乃五行自然之準則乎？故曰：「休將寅子數坤申，但看五行成準。」

以二物對說，雖分則坎離，其實真鉛大藥一味而已。究其根原，只以坎中一陽作主。蓋天一真水，從中而出，爲性命之根源，包羅萬象，具足五行。其初一變爲鉛，在北方坎宮，爲亥子水。此真鉛之本身也。及乎二變爲砂，在南方離宮，爲巳午火。三變爲汞，在東方震位，爲寅卯木。四變爲銀，在西方兑位，爲申酉金。五變爲土，在中黄坤宮，爲辰戌丑未四土。故曰：「本是水銀一味，周流徧歷諸辰。」此言其順流而出者也。

逆而轉之，只是真陰真陽，便是七反九還之功。到得九轉功成，胎圓炁足，適合造化九九八十一之陽數，自然脱胎而入神化，即老子所謂「谷神不死」者也。然谷神不死，須從玄牝立基。其初，一分爲二，從谷神分出玄牝，自内而出外，即一味之流徧諸辰者也；其既，二轉爲一，從玄牝合成谷神，自外而入内，即二物之反本還真者也。故曰：「陰陽數足自通神，出入不離玄牝。」

首章全提内外二藥，是總綱；次章言至神至聖之功，即内以統外也；三章言鍊己身心之要，即外以還内也；此章遂言反還之始，歸本谷神，乃合内外而言之也。

其五

牛女情緣道本，龜蛇類秉天然。蟾烏遇朔合嬋娟，二物相資運轉。總是乾坤妙用，誰人達此真詮。陰陽否隔即成愆，怎得天長地遠。

此章言二物妙用，不宜間隔也。

上章言七反九還，不離玄牝，則坎離之不可不交明矣。即以物情徵之，牛、女，天上雙星也，必假鵲橋之會；龜、蛇，地中兩物也，合成玄武之形。至于日中之烏，月中之兎，必至晦朔交會，乃萌滋元炁而生明。總是陰陽二炁，相資運轉，順去生人生物者，逆之則成丹。蓋乾父坤母資始資生之妙用，即坎男離女反本還原之真詮。世人獨修一物，未免落在孤陰寡陽一邊，由是水火未濟，天地不交，而成否隔之愆。既不能與天地同其功用，豈能與天地同其長久乎？此言了性必須了命，纔合反還妙用。獨修一物，便非大道。蒲團子按：道藏輯要本「便非大道」後有「有等旁門，因『陰陽否隔』字面，流入彼家房術，誑惑愚夫，則又罪不容誅矣」諸字。

其六

若要真鉛留汞，親中不離家臣。木金間隔會無因，須用媒人勾引。木性愛金順義，金情戀木慈仁。相呑相啗音「淡」却相親，始覺男兒有孕。

此章言坎離始交，金丹之法象也。

上章言陰陽否隔，即金木間隔之象。其所以間隔者，由介紹無人，未得真土調和耳。水中生金，是名真鉛；火中生木，是名真汞。汞性輕浮，極易飛走，惟真鉛足以留之，然非真土坐鎮中宮，豈能調和兩家之情性乎？故欲真鉛之留汞，非親近家臣不可；　欲木金之不隔，非媒人勾引不能。家臣、媒人，皆指真土，即所謂黃婆也。夫金情至剛，木性至柔，金能尅木，兩不相得。金木既不肯相順，鉛汞遂未肯相留。惟得真土和合，則木性不畏金之剛，而轉愛其順義；　金情不嫌木之柔，而轉戀其慈仁。由此真龍真虎，相吞相啗，轉更相親，身心打成一片，而元神出其中矣。聖胎圓而真人見，豈非男兒有孕者乎？　此言三家相見，以成金丹之象也。蒲團子按：道藏輯要本「惟真鉛足以留之」後有「即所謂『金鼎欲留硃裏汞，玉池先下水中銀』也」諸字。

其七

二八誰家奼女，九三何處郎君。自稱木液與金精，遇土方成三姓。更假丁公鍛鍊，夫妻始結歡情。河車不敢暫留停，運入崑崙峯頂。

此章言鍛鍊交媾，還丹之作用也。

上章言坎離交而大藥孕，金丹之基立矣，猶未及鍛鍊之火候也，故即三家相見者申言之。二八奼女，即木液也；　九三郎君，即金精也。其初，兩物間隔，無由通達，一遇中黃真土，遂勾引而攝合之，所謂「追二炁于黃道，會三姓于元宮」是也。勾引雖仗黃婆，調停全憑真火。丁火者，文火也。金木交并之時，須用文火温養之，兩家情性自然和合歡好，大藥產矣。大藥既產，活子時到，必須採取真鉛，送歸土釜，仍以文火溫養之。此申言金丹作用也。

溫養既足，正子時到，亟須駕動河車，從尾閭起火，透夾脊，過玉枕，運到崑崙頂上，用武火猛烹極鍊，乾坤交媾罷，一點落黃庭，大藥始入鼎而凝結矣。此乃言金液還丹之作用也。

丹既入鼎，再加溫養乳哺工夫，久久純熟，至于聖胎圓而真人見，九轉之功，于是乎畢。

其八

天地纔經否泰，朝昏好識屯蒙。輻來湊轂水朝宗，妙在抽添運用。得一萬般事畢，休分南北西東。損之又損慎前功，命寶不宜輕弄。

此章言還丹之功，從有以入無也。

上章言河車運火，直上崑崙，則乾坤既已大交，向之乾上坤下而爲否者，今坤上乾下而爲泰矣。然火候之進退，不可不謹。陽動而進火爲朝，屯之象也；陰靜而退火爲昏，蒙之象也。舉兩卦，而六十四卦反對之象，一進一退，悉在其中矣。故曰：

「天地纔經否泰，朝昏好識屯蒙。」

乾坤交媾罷，一點落黄庭，先天真種，既已入鼎，後天周身之炁，同來歸命，有若三十輻之共湊一轂，百川衆流之朝宗大海，但須時時抽鉛添汞，鍊盡陰氣，以還純乾。運火之妙，在乎火候耳。故曰：「輻來湊轂水朝宗，妙在抽添運用。」

前此金木間隔，水火未濟，東西南北，各居一方。到此混而爲一，元神坐鎮中宫，超然獨尊，東西南北，渾然總是一家，得一而萬事畢矣。故曰：「得一萬般皆畢，休分南北西東。」

功用到此，只求日減，不求日增，只消抱一守中，常應常靜，從有作以入無爲，即太上所云「損之又損，以至于無」也。蓋從前有作之功，都緣立命，命寶既立，便當了徹性宗，直證無上妙覺。倘只管戀着命寶，搬弄精魂，便落在有爲法中。譬如登岸之時，猶然戀筏而不肯捨，縱使壽同天地，一愚夫耳。故曰：「損之又損慎前功，命寶不宜輕弄。」

此首要學人直下了性，乃祖師末後全提一句也。

其九

冬至一陽來復，三旬增一陽爻。月中復卦朔晨超，望罷乾終姤兆。日又別爲寒暑，陽生復起中宵。午時姤罷一陰朝，鍊藥須知昏曉。

此章言攢簇周天，乃火候之法象也。

大丹之功，全仗火候。火候之秘，不可以言宣。先聖不得已，寓之易象，此復姤之所以爲天根月窟也。復姤之妙，又不可以言宣。姑以年月日時寓其法象，大約只是陽動陰靜兩端而已。

以一年計之，十一月冬至，一陽初動，爲復。每月增一陽爻，十二月二陽臨，正月三陽泰，二月四陽大壯，三月五陽夬，直到四月六陽成乾，陽極而陰生矣。五月一陰初靜爲姤，每月增一陰爻，六月二陰遯，七月三陰否，八月四陰觀，九月五陰剝，直到十月六陰成坤，陰極而陽又生矣。此言一年之火候也。

古聖恐人著在年上，乃移一年之火候于一月，以月朔當復卦，一陽初生，上弦適當二陽之兑，至望而成乾，三陽足矣。月望當姤卦，一陰始生，下弦適當二陰之艮，至晦而成坤，三陰足矣。此言一月之火候也。

又恐世人著在月上，乃移一月之火候于一日。以子時一陽當復卦，至巳而爲六陽之乾。午時一陰當姤卦，到亥而爲六陰之坤。一日之中，已具足一月之晦朔，并一年之寒暑，大約取陽動陰靜。而金丹之火候，視此以爲進退而已。一陽初動，朝晨之象，即年中之冬至、月中之朔日也，當準之而進陽火；一陰初靜，黄昏之象，即年中之夏至、月中之望日也，當準之而退陰符。

簇年歸月，簇月歸日，簇日歸時，只在一時動靜中，自分昏曉而已。故總收之曰：「鍊藥須知昏曉。」絕句中「一時辰内管丹成」，即此意也。孰知一時辰又簇在一刻哉！此至妙至玄之機關也。蒲團子按：道藏輯要本「孰知一時辰又簇在一刻哉」後有「又孰知時本無時、刻本無刻哉！噫！此真火本無候」諸字；「此至妙至玄之機關也」無「此」字。

其十

不辨五行四象，那分砂汞鉛銀。修丹火候未曾聞，早便稱呼大隱。靡肯自思己錯，更將錯路教人。誤他永劫在迷津，似恁欺心安忍。

此章言盲師不識金丹之妙，自誤以誤人也。

金丹法象，原本河圖。蓋河圖以一中統攝四方。水火金木，分列四方，是爲四象。四象會于中五真土，是爲五行。造化之妙，一落在當人身上，人人具足，个个圓成。只此造化，順之則生人生物，逆之則成佛成仙。天機難泄，古人不得已著爲丹經。近取諸身，喻爲夫婦男女；遠取諸物，喻爲砂汞鉛銀。總之，皆法象也。至于真藥火候之骨髓，萬劫一傳，非得真師面授，迥無入處。世間有等愚夫，不經師承，猖狂妄行，闖入旁蹊曲徑，一切杜撰，不知何者爲五行，何者爲四象，何者爲砂汞鉛銀。此輩尚未識藥物之面目，況火候乎？然旁門中有數等，最下者，誤執砂汞鉛銀爲點金之術，錯認夫婦男女爲御女之方；高者不過搬弄身中精氣；最高者亦不過見到澄澄湛湛的識性，内守幽閒，獨修一物而已。堪笑此輩，自己盲修瞎鍊，不肯認錯，乃妄稱大隱，好爲人師，教者以盲引盲，學者將錯就錯，引出一般瞎弟子，謗毁正道，指斥真師，無所不至。此輩不遇真師點破，生生劫劫，永墮迷津，自誤誤人，其罪可勝誅耶？祖師剖泄金丹大道，到此特爲天下後世盲師，痛下棒喝，大煞慈悲矣！

其十一

雄裏内含雌質，真陰却抱陽精。兩般和合藥方成，點化魂靈魄聖。信道金丹一粒，蛇吞立變龍形。雞餐乃亦化鸞鵬，飛入真陽聖境。

此章言金丹大道能超凡入聖也。

金丹之要，只在坎離二物，故不厭諄諄復言之。離本太陽真火，陽中含陰，外實内虛，心之象也； 坎本太陰真水，陰中抱陽，外虛内實，身之象也。火中生木，是爲陽魂； 水中生金，是爲陰魄。金木者，水火之交也，所以魂魄即寄于身心。心非肉團之心，乃先天凝聚之元精也； 身非四大假合之身，乃先天流行之元炁也。身心妙合，便是先天元神。但一落後天形氣中，身界根塵，役役于外，心緣諸識，憧憧于中，逐妄迷真，遂致魂魄相離，流浪生死，長沉苦海。學道之士，當以真意爲媒，和合身心。身心一如，寂然不動，金丹大藥，纔得圓成。陽魂陰魄，到此一齊點化，合爲元神，而至靈至聖矣。得此真種，倏忽之間，便能轉形色爲天性，點凡胎作聖胎。一切自身中眾生，到此立地超脱，不生不滅，湛然長存。只此金丹一粒，蛇吞之而變神龍，雞餐之而化鸞鳳，自然化入真陽聖境矣。真陽聖境者，乃玉清、上清、太清三境，無極無上大羅天宮也。究竟正境，豈別有哉？ 即本來元精、元炁、元神會三爲一者也。

蛇變龍，雞變鳳，總是轉凡成聖法象，切莫向癡人前說夢，親證道妙者自當知之。

其十二

德行修逾八百，陰功積滿三千。均齊物我與親冤，始合神仙本願。虎兕刀兵不害，無常火宅難牽。寶符降後去朝天，穩駕鸞輿鳳輦。

此章言學道之士當修德以凝道也。

道與德，如形之與影，寸步不可離。所以子思子云：「苟不至德，至道不凝焉。」又如周易乾坤兩卦，乾屬道，坤屬德，若非君子之厚德載物，豈遽能如聖人乘六龍以御天哉？學道之士，願力要廣大，必先度盡一切眾生，然後圓滿三覺。行修八百，功積三千，皆願力中事也。金剛經云：「是法平等，無有高下。」世人但知天地至廣至大，一切蠢動含靈之物至微至細，孰知天地本來與我同根，誰是勝我者？一切蠢動含靈之物，與我同體，又誰是不如我者？究竟到此，何物何我，何親何冤，管教均平齊一，無高無下，始合神仙度人之本願矣。功行到頭，道與德而并隆，形與神而俱妙，自然虎兕不能傷，刀兵不能害。無常倏忽，我則以谷神為大年；火宅燔燒，我則以露池為安宅。不生不滅，是真寶符；常清常靜，是真天堂。脱却羊鹿小乘，便是龍車鳳輦。本來如是，尊矣貴矣，豈別有寶符之可降、上天之可朝、鸞輿鳳輦之可穩駕哉？雖然，爲上根言，只是「道德尊貴」一句足矣，但中人之下，往往信不及。祖師恐學道人流入斷見，姑就此說法耳。

又一首 以象閏月。

丹是色身至寶，鍊成變化無窮。更能性上究真宗，決了無生妙用。不待他生後世，見前獲佛神通。自從龍女著斯功，爾後誰能繼踵。

此章言性命全修，一生證果，乃悟真篇之總結也。

首章言内外二藥，便是性命兩宗作用，到此攝用歸體，直下示人見性，以圓命功也。蓋立命之功，全在金丹。金丹大藥，本從無中生有，攢五行，簇四象，會三家，并二物，而歸一炁者。一得永得，堅固不壞，鍊之又鍊，直到九轉功成，上天下地，出幽入明，無所不可。金丹一道，豈非色身至寶而鍊成變化無窮者乎？此關尹子所謂「見精神而久生者」也。雖則千變萬化，然生生化化，未有了期，終不脱「長生」二字。更須從此直下一脱，徹見本性，頓證無生，方知山河大地，全露法身，往古來今，不出一息，更有何至寶之難捨、變化之足誇？豈非決了性宗而徹證無生妙用者乎？此關尹子所謂「忘精神而超生者」也。奈何小乘之仙，未能頓見毘盧本性，往往從劫到劫，難登佛地。不若大心衆生，直了無生，一徹俱徹，從此三身俱足，六通圓明，以一生圓曠劫之果，見前境界，便與諸佛把手遊行，豈待他身後世乎？

所云「大心衆生」，若涅槃之屠兒、華嚴之善財、法華之龍女是也。屠兒以放下屠刀，立證賢劫菩薩；善財以徧參知識，會入彌勒樓閣；并稱上根矣。至如龍女，以寶珠獻佛，刹那之間，轉女成男，往南方無垢世界，坐寶蓮華，成等正覺，豈非見前獲佛神通者耶？後之繼踵而起者，豈遂無其人耶？祖師特地丁寧于篇末，若將旦暮遇之矣。

夫龍女成佛一案，據李長者合論云：「此經中表法耳。」今以金丹法象表之，其作用無不合符。大海者，坎地也；女子者，純陰之象；龍女，表陰中之陽也；八歲，表二八之數也；寶珠價值三千大千世界，表水中之金，乃身中無價至寶也；持以上佛者，還之于乾也；女轉成男者，離變爲乾，變化無窮之象也；南方者，後天離位，即先天乾位者也；寶珠一上，金來歸性，脱盡陰滓，鍊之即色身至寶，了之即無生妙用也，從此後天之離，依然轉作先天之乾，其體則剛健中正，純粹以精，其用則各正性命，乘時變化，是名無垢世界，而成等正覺矣。法華權示龍女公案，以表一乘妙法；悟真特取龍女法象，以表金丹妙道。金丹之妙道，非即一乘之妙法乎？

此章總收性命二宗，以應首章内外二藥，不特爲十二章結尾，乃悟真篇通部之結尾也；不特爲悟真篇關鍵，乃萬卷丹經之關鍵也；不特萬卷丹經，并河、洛妙義，周易、參同、道德、陰符一切三洞真經、三藏教典、千八百則公案，無不在其中矣。

又絶句五首以象五行

饒君了悟真如性，未免抛身却入身。何時更兼修大藥，頓超無漏作真人。

此章言了性必須了命也。

真如本性，人人具足，本來無修無證，但在凡夫地中，暫爲五蘊所覆耳。若能一念回機，便同本得，當下即了悟矣。然理須頓悟，事以漸修。即如一身之中，六根門頭，尚有無始以來種種習氣，當鍛錬而薰修之。實實落落，當從身上薰修。取證從上諸祖，見性之後，潛修密證，身心如一，直到習漏既盡，何難一身證果？所謂「見前獲佛神通」者，此也。不得捨身取心，欲速見功。倘回首之時，一毫習漏未盡，不免抛身而入身矣。内典云羅漢尚有陰隔之迷。如溈山曾三世爲國王，幾乎忘却本來面目；

雲門曾三世爲國王，便失却神通。可不危哉？蒲團子按：兩處「曾三世」之「曾」，原作「魯」，據道藏輯要本改。

修證之捷徑，無如金丹大藥。大藥妙用，只在以火鍊金。若能取日用之猛火，鍊本來之真金，直從六根門頭，鍊之又鍊，煅盡無始以來習氣，直到鑛盡金純，露出無上真人面目。有修有證者，恰合其無修無證之本性。于是從無相而生實相，即法身而成報身，是謂九轉功圓，形神俱妙，超出一切有漏因果，永無拋身入身之患，而稱大覺真人矣。

此祖師爲獨修一物者痛下針砭。然篇中所言了悟，只指後來一橛禪耳。若從上諸佛諸祖，皆窮理盡性至命，以證無漏妙果者，未可一概而論也。

投胎奪舍及移居，舊住名爲四果徒。若會降龍并伏虎，真金起屋幾時枯。

此章言小果之不足證也。

從古到今，只有金丹一道，可以超脱生死。然大道難聞，小果易就，更兼世人根器大小不同，捨大取小者頗多，往往各執一法，得少爲足。一旦大限已到，功行未滿，將抛身入身，故作種種伎倆。有習歸空之訣而投胎者；有奪死人之舍而更生者；有恐宅舍不堅，長用遷徙之法，而爲移居者；有志在留形住世，隱處深山穹谷而爲舊住者。總而言之，則曰四果徒，皆由未知金丹大道，遂落小果。

金丹之要，只在一龍一虎。龍虎即身心也。若能降伏身心，便是降龍伏虎，真空之身，與妙有之心，渾合無間，自然形神俱妙。此萬年不壞之真金，即人人安身立命之本宅也。真金起屋，何時而枯？從此經行坐卧，長住其中，任他滄海成田，我自安然不朽，何有破損遷涉之患，而學區區小果乎？

鑑形閉息思神法，初學艱難後坦途。倏忽縱能遊萬國，奈何屋破却移居。

此章言小道之不可久也。

真金起屋，纔得不枯。可見一切非真金者，俱不能長存矣。奈何旁門小法，各取其驗，世人多爲歆動。鑑形者，鑄一大鏡，時時鑑照己形，久之自忘其形，不覺入鏡中矣。或曰「即閉目靜坐，鑑觀己形也」，亦通。閉息者，閉住呼吸之氣，自一息兩息，以至于千萬息，置鴻毛于鼻端，一毫不動，方稱效驗。思神者，或默朝上帝，或存想崑崙，久之而神出矣。三者一著于形，一著于氣，一著于身，皆落後天渣滓，與金丹大道至簡至易者何啻霄壤？此等小法，初學甚是艱難，其功力既專且久，俱能定中出得陰神，倏忽之間，遊徧九州萬國，可謂得意之極矣。奈何宅舍難固，形神易離，能無移居于屋破？此亦四果之徒，難免無常大限者。學道者，當勤求金丹大藥，不可以此自限也。

釋氏教人修極樂，只緣極樂是金方。大都色相惟兹實，餘二非真漫度量。

此章直指自性西方，令學人知所歸宿也。

釋教有淨土法門，勸人念佛，念到一心不亂，壽命終時，佛來接引，往生西方極樂世界。詳見彌陀等經。世人但執西方之相，罕能窮源。不知此亦古佛應化一期，方便之談，未可許相昧性，自生窒礙也。蓋東方屬木，乃造化發育之鄉；西方屬金，乃造化歸藏之地。即易象觀之，後天乾居西北，便是金方。東方出震之帝，到此纔得歸根復命，李長者云「佛乃至陽至德」是也。至古至今，只有這點乾金，純粹以精，爲人人本來真性。此金其性堅剛，萬劫不壞，其質純白，一切不染。不染不壞，自在長住，豈非極樂世界乎？維摩經云：「隨其心淨，即佛淨土。」壇經云「但心清淨，即是自性西方」是也。夫此金性非常非斷，無色無相，却又能見出丈六金身、三十二相。無色之身，是謂法身；無相之相，是謂實相。妙有真空，一時具足，西方極樂，只在眼前。所謂「只此一事實，餘二即非真」者也。若從西方遠近、極樂有無、穢淨取捨、往生去來上擬議卜度，則去遠矣。可見東華之上真，即西方之古佛；金丹之大道，即金仙之極果。此維摩所謂「不二法門」也。祖師恐學人生二見，特爲提破。

俗言常言合至道，宜向其中細尋討。能于日用顛倒求，大地塵沙盡成寶。

此章言至道不外邇言，令學人會無言之意也。

祖師著悟真篇，到此將閣筆矣。恐人另覓玄言妙義會過，枉却一片婆心，故特地丁寧告說：「汝等諸人，切勿從俗語常言外，另覓玄言妙義，以爲至道也，真正至道，只在十字街頭鬧浩浩地俗語常言中，但未向其中細細尋討耳。」至道云何？當初一生二，二生三，三生萬物，一切以順而生，百姓日用而不知者，此也。所謂「五行順行，法界火坑」，生機轉作殺機矣。若能攝萬歸三，攝三歸二，攝二歸一，一切以逆而成，聖人洗心而退藏者，此也。所謂「五行顛倒，大地七寶」，殺機轉作生機矣。生機殺機，原非兩橛，轉與不轉，只在當人。故曰：「能于日用顛倒求，大地塵沙盡成寶。」大地喻世界，即身是也；塵沙喻眾生，即心是也。學人能從日用飲食、七顛八倒中，一念回機，消歸自己，到得身心一如，則世界眾生，有情無情，徹上徹下，亘古亘今，一切皆成正覺，何有大地塵沙之非七寶乎？又豈有聖凡之可分、淨穢之可界、聖賢仙佛之可別乎？顛倒之妙，全在俗語常言中。須知，通部悟真篇，皆俗語常言也；萬卷丹經，皆俗語常言也；三藏十二部、六經、諸子百家，一切俗語常言也。執此求至道不得，離此求至道亦不得，畢竟如何？曰：神而明之，存乎其人。

末卷總評

蒲團子按：此標題原置文尾，今移于此。

此卷宗旨，大約與前兩卷，互相發明，儘有發前卷之所未發者，正要學人從百尺竿頭，更進一步耳！如有摸着鼻孔者，當與悟真先生把臂入林矣。